知识生产的原创基地
BASE FOR ORIGINAL CREATIVE CONTENT

颉腾商业
JIE TENG BUSINESS

洞察型领导

企业如何穿越数字噪声

[美] 乔治·S.戴　　保罗·J.H.休梅克◎著
（George S. Day）　（Paul J. H. Schoemaker）

王正林◎译

SEE SOONER, ACT FASTER

HOW VIGILANT LEADERS THRIVE
IN AN ERA OF DIGITAL TURBULENCE

中国广播影视出版社

图书在版编目（CIP）数据

洞察型领导：企业如何穿越数字噪声 /（美）乔治·S.戴（George S.Day),（美）保罗·J.H.休梅克（Paul J.H.Schoemaker）著；王正林译. -- 北京：中国广播影视出版社，2022.5

书名原文：See Sooner, Act Faster: how vigilant leaders thrive in an era of digital turbulence

ISBN 978-7-5043-8815-5

Ⅰ. ①洞⋯ Ⅱ. ①乔⋯ ②保⋯ ③王⋯ Ⅲ. ①企业领导学 Ⅳ. ①F272.91

中国版本图书馆CIP数据核字(2022)第061583号

本书版权登记号：图字01-2022-0759

Title: SEE SOONER, ACT FASTER: How Vigilant Leaders Thrive in an Era of Digital Turbulence
By George S. Day and Paul J. H. Schoemaker
Copyright © 2019 George S. Day and Paul J. H. Schoemaker
Simplified Chinese edition copyright © 2022 by Beijing Jie Teng Culture Media Co., Ltd.
This edition published by arrangement with The MIT Press, a department of Massachusetts Institute of Technology through Bardon-Chinese Media Agency
ALL RIGHTS RESERVED

洞察型领导：企业如何穿越数字噪声

[美] 乔治·S. 戴（George S. Day）
保罗·J. H. 休梅克（Paul J. H. Schoemaker） 著
王正林 译

策　　划	颉腾文化
责任编辑	王　萱　胡欣怡
责任校对	龚　晨

出版发行	中国广播影视出版社
电　　话	010-86093580　010-86093583
社　　址	北京市西城区真武庙二条9号
邮　　编	100045
网　　址	www.crtp.com.cn
电子信箱	crtp8@sina.com

经　　销	全国各地新华书店
印　　刷	北京市荣盛彩色印刷有限公司
开　　本	640毫米×910毫米　1/16
字　　数	143（千）字
印　　张	14
版　　次	2022年5月第1版　2022年5月第1次印刷
书　　号	ISBN 978-7-5043-8815-5
定　　价	69.00元

（版权所有　翻印必究·印装有误　负责调换）

这个世界并不缺乏管理创意。每年有成千上万的研究员、从业者和其他专家撰写数以万计的文章、书籍、论文、帖子和播客。但是，致力于使这些东西在实践中真正发挥作用的，只有很少的几个人；而敢于探索管理的未来的人，更是凤毛麟角。我们在这个系列中着力呈现的正是这种罕见的创意，它既有实践意义，又有据可依，还为未来而构建。

《麻省理工斯隆管理评论》杂志主编
保罗·米歇尔曼（Paul Michelman）

致 谢

对一本书的构思和写作，可以用一场古代的商队之旅来形象地比喻。首先，要对目标心怀憧憬，并且对各种可能性充满热情；其次，在这样的旅程中，需要坚持和耐心，以处理不可避免的延迟和弯路；最重要的是，写作过程中需要得到同事、朋友和家人的支持，才能抵达目的地。

我们之所以在这一旅程中走到一起，是因为我们相互尊重，并且有着成功合作的历史。在思想领袖、学者和商业领导者的广泛帮助下，我们保持了前进的方向。在这一旅程中的许多阶段，我们在沃顿商学院（Wharton School）的同事，特别是在麦克创新管理研究所（Mack Institute for Innovation Management）的同事，都无可替代。与巴尔布·梅勒斯（Barb Mellers）、赛卡特·乔胡瑞（Saikat Chaudhuri）、汤姆·唐纳森（Tom Donaldson）、戴维·赖布斯坦（David Reibstein）、哈伯·辛格（Harbir Singh）、爱德华·鲁索（J. Edward Russo）、谢国睿（Greg Shea）、大卫·蒂斯（David Teece）、迈克尔·尤西姆（Michael Useem）、菲利普·泰特洛克（Philip Tetlock）和杰里·温德（Jerry Wind）等教授富有成效的个人互动，也使我们受益匪浅。

在探索和学习的旅程中，我们从雅培实验室（Abbott Labs）、诺华制药（Novartis）、美国癌症治疗中心（Cancer Treatment Centers of America）、费列罗（Ferrero）、骑士基金会（Knight Foundation）、欧洲中央银行（European Central Bank）、美敦力（Medtronic）、阿联酋总理办公室、瑞银集团（UBS）和戈尔公司（W. L. Gore）等客户以及其他许多客户的项目中受益，使我们能将理念与方法应用到客户面临的诸多适应性的挑战中，从而获得宝贵的反馈。特别有用的指导来自高管教育项目的参与者，在这些项目中，我们的理念通常最先获得讨论。创立公司的经验以及在不同董事会中任职的经历，都使我们受益。这些在真实世界中闯荡的背景，加深了我们对领导团队和在任何旅程中所扮演的关键角色的认识。

有着很好开端的书籍很多，但能够成功抵达最终目的地的书籍很少。凯伦·克里斯滕森（Karen Christensen）和克里斯汀·桑德伯格（Kirsten Sandberg）曾在我们的《港口引航员》（*Harbor Pilots*）一书中担任编辑，他们从读者的角度审读我们的写作，让我们写出有说服力、引人入胜的故事。感谢一直以来给予我们建设性反馈的所有人，包括伦敦大学的查尔斯·巴登－富勒（Charles Baden-Fuller）、Outthinker圆桌会议的创始人凯汉·克里彭多夫（Kaihan Krippendorff）、360监控公司（Monitor 360）创始人道格·兰道尔（Doug Randall）、诺维达技术（Noveda Technologies）的前CEO戈维·拉奥（Govi Rao）、Public Salt

总裁保罗·S.休梅克（Paul S. Schoemaker）、SchellingPoint公司CEO迈克尔·泰勒（Michael Taylor）、CorpU公司CEO阿兰·托德（Alan Todd）、海德思哲国际咨询公司合伙人托马斯·特鲁梅斯（Toomas Truumees）。他们在敦促我们进一步澄清概念并解释建议背后的原因的同时，毫不吝惜地花时间讨论各章的细微差别。在整个过程中，沃顿商学院的艾丽卡·伯内特（Erika Burnett）以娴熟的技巧和永远不灭的热情，使得出版工作不断向前推进。

正如地图和卫星导航系统对旅行者至关重要一样，我们从335个洞察型和脆弱型组织中收集的深入调查成果中验证了我们的模型。许多高管项目、领导层会议和大会的资深参与者也提供了极大的帮助。特别感谢那些理解我们这一旅程的可能性，并让我们接触到他们的成员的组织。丹麦林克斯公司（LinKS）的梅特·劳尔森（Mette Laursen）、骑士基金会的山姆·吉尔（Sam Gill）、基金会理事会（Council on Foundations）的范尼塔·巴尔加瓦（Vanita Bhargava）以及菲林研究所（Filene Research Institute）的乔治·霍夫海默（George Hofheimer），都竭尽全力使我们的调查和研究成果适应他们各自公司截然不同的环境。

写作之旅需要来自出版商的赞助、鼓励和务实的反馈。麻省理工学院出版社的编辑早就理解了我们图书项目的潜力，尤其是懂得为什么数字化冲击会给领导者和组织带来越来越多新的挑战。保罗·米歇尔曼（《麻省理工斯隆管理评论》主编）广阔的视野和艾米莉·泰伯尔（Emily Taber，麻省理工学院出版社组稿编辑）可靠的编辑监督，使我们受益良多。能够与他们合作，是我们的荣幸，而且这样的合作对我们很有帮助。

最重要的是，我们要感谢我们亲爱的妻子爱丽丝（Alice）和乔伊斯（Joyce）的理解和无条件的支持，是她们支撑着我们写作的每一步。我们要把这本书献给她们。

乔治·S. 戴（于宾夕法尼亚州维拉诺瓦市）
保罗·J.H. 休梅克（于佛罗里达州德尔雷海滩）

引言

> 动荡，就其本身而言，是不规则的、非线性的、不稳定的。但我们可以分析、预测和掌控其潜在原因。
>
> ——彼得·德鲁克（Peter F. Drucker）

我们生活在一个冲击日益强烈的世界，既充满了领导困境，又具有无限机会。无情的动荡是可控的，就像我们在警觉的向导的指引下可以控制白浪急流那样。但是，我们控制动荡的能力，有别于用来掌控当前公司运营的能力。本书是为这样的领导团队准备的：他们得让自身的组织变得更加富有洞察力，能在不断加剧的动荡中顺利航行。而这种不断加剧的动荡，在模拟到数字化的不可阻挡的发展进程中，将进一步扩大。

一方面，洞察型公司比竞争对手更富有远见。嘉信理财（Charles Schwab）很早就看到并践行了"机器人顾问"的前景；通用汽车（GM）在自动驾驶汽车领域赶在了福特公司（Ford）之前；诺华制药带领其他公司为销售团队配备了一个数字平台，这样的平台可为医生实时获取医疗专业知识。这些反应敏捷的公司在和竞争对手的竞争中赢得了胜利，后者的反应速度较慢。另一方面，脆弱的企业往往错误解读了外部威胁或内部组织挑战的早期信号。当智能恒温器厂商"巢实验室"（Nest Labs）率先推出了一款时髦的、可上网的恒温器时，霍尼韦尔公司（Honeywell）陷入了困境。这款恒温器是在新生的"智能家居"领域的创造过程中诞生的一种早期的仪器。大众汽车（Volkswagen）在汽车内部创建智能系统以伪造排放测试结果的丑闻被曝光后，该公司陷入了泥淖之中。丹麦最大的银行——丹斯克银行（Dansk Bank）在卷入2 000亿欧元的大规模洗钱丑闻后，名声大为受损，不再被视为欧洲最受尊敬的银行之一，在这起丑闻中，丹斯克银行忽视了许多危险信号。

2018年首次出现的困扰Meta的大多数问题表明，洞察力涉及各组织如何界定问题、解释尴尬的信息、共享信息，并且如何处理棘手问题——或者不去处理。Meta的CEO马克·扎克伯格（Mark Zuckerberg）及首席运营官（COO）雪莉·桑德伯格（Sheryl Sandberg）在处理操纵的虚假竞选信息、借助剑桥分析（Cambridge Analytica）共享非法数据以及种族歧视言论时，采取了臭名昭著的"否认、转移和拖延"方法，对公司造成了严重的影响。Meta挥霍了其社交媒体平台赖以生存的一些重要信任，引起了公众要求对其严加监管的愤怒呼声，并对自身的声誉和市值造成打击（在一个月内股价下跌39%）。这个问题远非Meta的不当行为那么简单，而是对所有组织的一个警告，表明他们掌握的对个人数据的所有权以及货币化的权利正变得脆弱。

弥补这些脆弱的方法是提高洞察力。如今，传统的战略规划、风险分析和决策建模方法已经不那么有效了，因为外围存在太多的不确定性，而内核的稳定性太小。当今的环境需要使用新的工具并运用新的心态。幸运的是，我们对洞察力（包括企业的预见性）的理解已稳步提高。战略思维的重心已从利用公司稀缺与宝贵的资源，转向培养适应日益加剧的动荡所需的动态能力。尽管基于资源的方法强调内部效率并缩小战略对话，但动态能力的方法则强调组织的预见性与敏捷性——也就是说，使公司能够塑造与其优势相适应的环境。

一旦风险的微弱信号的模糊性得到了解决，只要公司具备比竞争对手更快采取行动的反应能力，洞察力就会带来回报。在这方面，我们将采用关于设计思维的最新洞见，包括"快速失败"实验和灵活地投资对"战略选择"的运用。这些选择是一个个足够小的"赌注"，公司可以在必要时取消下注，同时还能充分地确立自身在市场中的地位或建立新的能力。创建一个支持创新且优化当前模型的"十分灵巧（敏捷）"的组织，是另一个至关重要的因素。

洞察意味着感知、探测和解释来自组织内外的微弱信号。富国银行（Wells Fargo）操纵账户的丑闻以及众多日本公司不遵守质量标准的事实被披露和曝光后，媒体对他们的内部违规行为广泛公开报道，从而在其董事会中引起轩然大波。这些公司和其他许多公司都因各自的丑闻而受损，而这些丑闻原本可以，也原本应该被预见到。但是所有的这些公司都付出了高昂的代价，罚款和法律成本还只是冰山一角，更大的代价来自被危机分散的注意力，对品牌的附带损害，对公司员工士气的损伤，使新合作伙伴和客户犹豫不决以及给政府监管部门带来的负担。

关于洞察力，一个确定的事实是，它能在领导团队准备和协调组织时，以更早地预见和更快地行动发挥关键作用。模仿这种洞察力是一项集体技能，一旦公司缺乏该技能，将会明显地暴露出来。董事会或投资者不想听到"他们忽视了警告信号"或者"他们错过了机会"这类的话。董事会不指望领导团队有先见之明，但他们确实依赖领导团队在麻烦或机遇的早期预警信号刚一出现时就及时发现并立即采取行动。通过在客户项目中使用的诊断性调查，我们了解到洞察型领导团队与众不同的因素。这个诊断工具包含在本书的附录 A 中。我们使用了从全球 118 家公司收集的数据来测试和验证建立洞察型组织的方法。

展望未来

注意力是任何组织中最稀缺的资源之一，在充斥着大量背景噪声的数字化环境中，我们的注意力会迅速耗尽。然而，这些数字技术同样也可以帮助我们从噪声中分离信号，并将注意力转移到最需要的地方，以控制信息过载。数据挖掘、预测分析、知识管理、情景规划和神经网络等都有助于过滤信号，并且突出那些构成真实的或迫在眉睫的风险信号。各组织同样可以利用众包技术、开放的创新平台、与网络合作伙伴更紧密的联系等，识别新的客户需求并且开发产品来为其服务。

对一系列令人眼花缭乱的模糊信号做出响应，并将它们从周围的噪声中整理出来，需要在速度与谨慎探索之间取得审慎的平衡。尽管这些属性并非大型组织的惯常特征，但一些洞察型公司已学会比竞争对手更灵活、行动更快——也就是说，建立更强大、更敏捷的组织，并且在远见和创新方面赢得更高声誉，将给组织带来更大的客户价值和股东价值。

在第 1 章中，我们解释了为什么当今大多数组织的核心内部不太稳定，而外围的不确定性更大。我们分享从自己以及其他人的经验中得来的教训，作为我们提高洞察力的基础。这些教训来之不易。一条至关重要的教训是，能够更早预见和更快行动，为领导者保留了更多的战略自由度。当数字时代的快进按钮被按下时，没有哪个组织能够作壁上观，等着确定究竟发生了什么后，再做出反应。"等待迷雾散去"的想法通常会导致不作为，最终使得组织几乎没有可行的应对方法。在商业历史的墓地里，有成千上万的例子表明，过度保守的领导者行动迟缓，容易误入歧途。

第 2 章描述了洞察型组织的四个明确特征：领导者的姿态，制订战略，投资远见，以及确保协作和责任。我们以奥多比公司（Adobe Inc.）的复兴战略为例，说明洞察型领导者如何在被数字化冲击波搅得天翻地覆之前进入未知的领域。这一章还分享了我们在 118 个不同组织的研究中的一些发现，并讨论了如何将附录 A 中的调查作为诊断工具，让领导团队着重关注怎样最好地提高洞察力。在数字市场取得成功所需的姿态，往往不同于传统的管理方法。它们是横向的而非纵向的，更具探索性而非决定性。在低能见度和意外暗流的新地形中航行时，创造性是有价值的。

第 1 章和第 2 章为数字时代铺就了舞台，阐述了眼前的挑战，而其余的章节则专注于领导者可以和应该做什么。如图 0.1 所示，第 3 章至第 6 章的流程，遵循了一个组织对如何分配稀缺的注意力资源、怎样感知微弱信号、如何从背景噪声中分类、在竞争对手做出反应之前对这些信号采取行动等的轮廓。我们提供经过检验的指导，以确定防范有偏差的解释的措施。第 6 章概述了领导团队在对值得注意的信号做出快速反应时可以采用的方法。这里的挑战不仅是快速的行动，而且是明智的行动，包括知道什么时候保持耐心和怎样做到"有备无患"。第 7 章提出了一个行动方案，这是领导团队从战略的高度在提高整个组织的洞察力时需要遵循的。我们将更早预见和更快行动与提供组织陀螺仪的能力联系起来，使公司在动荡的世界中保持平衡。结语（第 8 章）从本书中摘录了最重要的经验教训，这些经验教训是所有领导者在应对数字化冲击时都可以自信运用的。

本书旨在帮助领导团队如何应对普遍存在的深层次不确定性，尤其是数字化冲击。我们的指导方针建立在广泛的实践经验基础上，这些经验不可能轻易地被提炼成一个简单化的线性公式。我们的指导需要很好地平衡艺术与科学，能将两者融合到一起的领导者，将会获得回报。要解决他们在动荡中茁壮成长时面临的挑战，需要培养耐心、投入资源、提出正确问题的经验判断，以及对答案采取及时的行动。

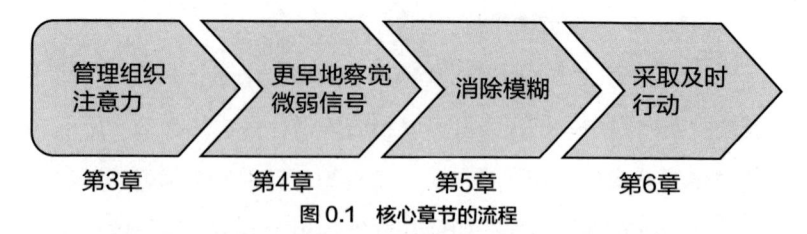

管理组织　　更早地察觉　　消除模糊　　采取及时
注意力　　　微弱信号　　　　　　　　行动

第3章　　　第4章　　　　第5章　　　第6章

图 0.1　核心章节的流程

　　洞察型领导者的任务是借助假设、事实、数据、经验和专家指导，熟练掌握预测潜在威胁和机会的技术。我们鼓励领导团队培养卓越的洞察能力，以预测数字化冲击带来的挑战，并将其转化为优势。

目录

第 1 章　实时地面对现实　　　　　　　　　1

第 2 章　洞察型组织　　　　　　　　　　　25

第 3 章　管理组织的注意力　　　　　　　　51

第 4 章　更早地察觉微弱信号　　　　　　　75

第 5 章　消除模糊　　　　　　　　　　　　101

第 6 章　采取及时行动　　　　　　　　　　127

第 7 章　一份行动方案　　　　　　　　　　151

第 8 章　预先警告就是预先准备：
　　　　 保持洞察力的六条教训　　　　　　177

　　　　 附录 A　评估洞察力的诊断工具　　193
　　　　 附录 B　关于我们的研究　　　　　203

第 1 章

实时地面对现实

> 一切智慧，都发端于对事实的认识。
>
> ——芬兰前总统尤霍·库斯蒂·巴锡基维（J.K. Paasikivi）

在某一时刻，几乎每个领导团队都会忽略一个至关重要的信号，而这个信号原本是能够并且应当注意到的。在过去，这些被忽视的威胁的恶化速度较慢，也许使得对其做出反应的组织有时间来重组和响应。但是，在今天的数字化冲击的环境中，其明确特征是发展速度日益加快，变革性的商业模式不断涌现，迟缓的反应将会越来越多地遭到惩罚。当数字赋能的竞争者完全形成之时，他们可能已积聚了不可逾越的市场力量。同样地，内部威胁能够更快地增大和转移，直到无法控制。

我们需要的是提升洞察力。洞察型组织可以更早地发现风险与机遇，更加迅速地定位自己，以便更快地减小风险，抓住机遇。这里的洞察，远远不是一个人的高度警惕那么简单。它是公司必须培育的一项集体能力，其特征是员工的好奇、坦诚以及对公司长期发展利益的关注。最重要的是，洞察是一项卓越的能力，它能预测严重威胁，识别重大机遇，然后在不完全了解的情况下比其他人更迅速地采取行动。洞察型组织通过测试原型、在市场实验早期押上小赌注以及进行探索性的收购，以便灵活应对并且争取时间。不管在什么时候，这些战略选择都很容易取消，但在不确定性的迷雾最终消散之前，它们已为公司创造了有利的开端。如果不具备这种灵活性，公司不得不对快速变化的事件做出反应，这便失去了一定程度的机动性。

不幸的是，在大多数公司中，脆弱已成为常态，具备洞察力反倒罕见。日常运营的直接压力消耗了领导团队原本就稀缺的注意力，以至于他们只能将自己的时间和精力用来关注眼前的问题，无暇顾及其他，其结果是错过了信号，就像2005年前后的睿侠公司（Radio Shack）那样。当时，这家公司在其7 000家零售店中投入的空间和人力完全有限，公司试图用这些完全不成比例的资源来服务于不断增长、倍感困惑、首次使用智能手机的用户——这个群体与原来忠实的电子爱好者客户完全不同。睿侠公司没有预见到无线运营商会通过开设自营零售店来与之直接竞争，这使得睿侠与美国电话电报公司（AT&T）和苹果等强大对手展开了"贴身肉搏"，同时疏远了自己的业余电子爱好者群体。当3D打印、个人无人机和智能家居用品等下一波DIY智能电子产品流行起来时，这些爱好者群体就转投其他公司了。他们认为睿侠已无关紧要了。

另一个由于洞察力不强而付出高昂代价的例子是众多大型连锁酒店错过了当时流行起来的消费趋势，而爱彼迎（Airbnb）则抓住机会为自己的业务发展铺平道路。爱彼迎成立于2008年，是一家点对点（peer to peer）房产租赁平台，它很好地利用了热门旅游目的地的游客对方便、舒适、经济的住宿的需求，而当时还没有哪家公司能够满足这一需求。并非只有脆弱的或领导不力的组织才会忽略预警信号，即便是那些受人尊敬且运作良好的组织的领导团队也可能在这些信号面前毫无防备。

自2006年以来，我们一直追踪观察美泰公司（Mattel），那时一个名为贝兹娃娃（Bratz）的急速而强势崛起的娃娃品牌取代了芭比娃娃的时尚娃娃王者地位。这个横空出世的挑战者以流行时装少女为目标消费者，将娃娃设计成噘着嘴的、有态度的和有才华的青少年，而芭比娃娃则用其童话般的装束吸引着3～5岁的小女孩，她们被自己喜欢的童话公主的形象深深迷住。后来，年龄大一些的女孩转而喜欢贝兹娃娃而不再喜欢芭比娃娃，这让美泰公司付出了高昂代价，因为这家玩具制造商30%～40%的营业利润都依赖芭比娃娃。美泰公司很晚才意识到来自贝兹娃娃的威胁，匆忙推出了一款蹩脚、山寨的，名叫Flavas的街舞娃娃。

美泰最初的短视，究其原因，是由于内部现金流危机导致领导者集体收窄了注意力。一次失败的收购招致巨大损失，来自玩具行业之外的新任领导者打算扭转公司的局面。尽管随后削减成本的举措的确提高了利润率，但芭比娃娃的销量继续下滑。由于美泰培育的是一种由内及外、以产品为中心、反应性的文化，加之其战略重点是维护芭比娃娃的特许经营和品牌，所有这些举措都加剧了美泰的脆弱性。

美泰长期忽视了增强现实（augmented reality，AR）技术的潜力，以至于继续落后于那些将数字技术引入虚拟游戏领域，并且增强互动性和推行定制化的竞争对手。这种技术通过在我们对现实世界物体的视角上叠加数字图像，将交互性提升到一个新的水平，它与虚拟现实（virtual reality，VR）不同，后者完全用计算机生成的环境取代了物理现实。

随着《口袋妖怪GO》（Pokemon GO）游戏的大获成功，美泰这才发现了AR技术的价值。这款游戏允许用户通过手机在现实世界中寻找口袋妖怪。其他公司看到了这些可能性，2007年在新西兰成立的美国幼苗公司（tiny Seedling USA）于2017年10月推出了第一只AR泰迪熊帕克（Parker）。孩子们通过一款智能手机应用软件就能与这只泰迪熊互动，不仅可以了解它的内部器官，还能为它诊断疾病。玩具的未来将是数字化的，芭比娃娃再也承受不起落后于人的境地了。

数字技术如何造成冲击

数字技术正在改变我们处理信息、学习、决策和互动的方式，没有哪个行业能够幸免于由此带来的动荡。2005年，亚马逊（Amazon）还是一家在线书店，搅动了实体书店和电子书市场。如今，亚马逊的影响力要大得多——被戏称为"亚马逊死亡指数"（Death by Amazon Index），该指数追踪了这家网络巨头对54家零售商（并且还在增加）的负面影响。亚马逊可以利用其在数据分析方面的专业知识和深刻的客户洞察，进入几乎任何一个行业。2005年，黄帽子（Yellow Cab）还主导着个人交通出行，酒店则是人们临时居住的主要选择。如今，我们有了优步（Uber）、来福车（Lyft）和爱彼迎，这些新型商业模式利用智能手机进行了广泛的应用。新进入者超越传统的垂直市场，追求轻资产和使用快速扩张的平台战略，充分利用社交媒体，并且在必要时实现快速转型。

多种技术的转变，使得这些公司能在创纪录的时间内占据市场主导地位。不断下降的硬件和软件成本，则使得越来越小的设备拥有巨大的计算能力，从口袋里的手机，到手腕上的可穿戴设备Fitbit（它带有一个嵌入皮下的血糖监测仪），再到随处可见的传感器、摄像头和麦克风，它们创建、访问并处理来自每个你所能想到的过程中的信号（与噪声）。这种指数级的数据爆炸的规模如此巨大，以至于许多不同的数据专家估计，历史上 90% 的数据，都是在过去两年内创造的。

如果戈登·摩尔（Gordon Moore）1965 年发表的关于计算趋势的论文是起点，那么数字、计算和通信的革命已进行了 50 多年，而我们现在看到的是性能提高了 10 亿倍的结果。在数字制造能力方面也出现了同样巨大的进步。今天的 3D 打印机预示着一种强大的趋势——将数据转换为任何一种物体。这一趋势可以应用于制造各种各样的东西，从食物到家具，无所不能。（几乎）任何东西都具备超本地化生产的可能性，或许终有一天能够克服漫长的全球供应链的限制。

图 1.1 暗示性地描述了数字技术相互交织的本质，这种本质很快让人联想到数不清的数字技术之间组合的可能性。这个"纱线球"的原理图复杂得令人生畏，展示了围绕外环的八种数字技术。每一种都是其他数字技术的来源和结果，并且又激发出更多新的技术。

这些数字技术是计算机系统性能惊人进步的产物，包括处理、存储、通信和分析的进步，部分地展示在图 1.1 的内环中。例如，人工智能（由一组可以从环境中学习并采取自主行动的"智能"技术组成）是由神经网络和硅级技术的进步，通过云访问海量数据中心的存储聚合以及一系列其他共生进步所实现的。

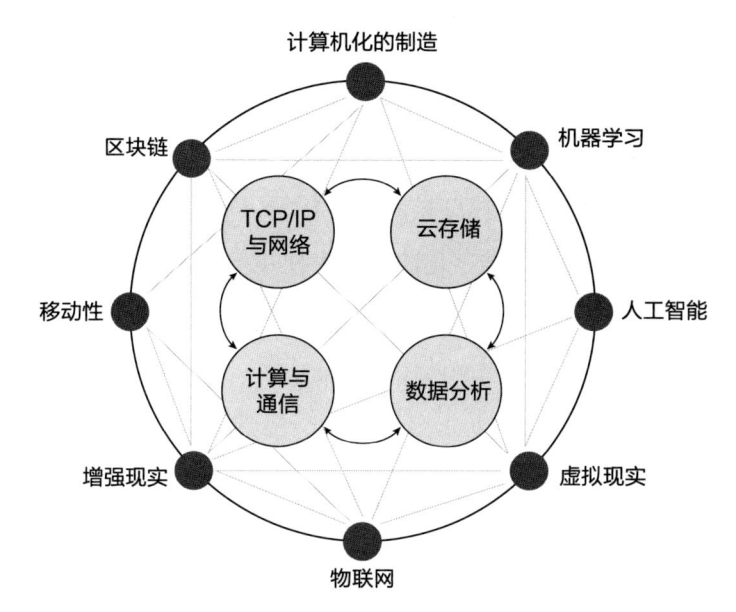

图 1.1 数字域的组合

数字技术的组合通常是复杂和非线性的，在应用这些技术时，常常产生意想不到的交互。一项看似不可行的或商业上遥不可及的技术，可能在合适的时机突然开始腾飞。例如，当"巢实验室"推出一款时髦的、可上网的恒温器时，霍尼韦尔公司感到十分震惊，原来这款恒温器可以让忙碌的通勤者远程启动他们的家电系统，以便当他们下班回到家时，房间里的灯就会自动亮起来，屋子也会提前变暖。这种技术的融合已经酝酿多年，有时是秘密地酝酿，有时则在竞争对手的范围之外酝酿。虽然某些数字技术的孵化期可能很长，但当万事俱备时，它们可以产生十分迅猛的技术变革。这种情况似乎正在自动驾驶汽车和电动汽车上发生，尽管在写这本书的时候还不那么确定。

我们这里的主要观点是，没有任何一种数字技术会引发数字化冲击。相反，数字化冲击是多种并行技术同时成熟、成本大幅下降、新功能和新平台出现的结果。就进展和影响而言，这些进程的不可预测性造成了动荡。

短暂与动荡

战略家持久地坚信可持续的优势不可能在开放市场中购买，而是必须通过"稀有的、不完全模仿的、不可替代的资源"在内部建立起来。丽塔·麦格拉思（Rita McGrath）和其他人坚持认为，即使是有机发展的优势（即一度被认为是可以防御的、永久的、持续的优势），随着动荡的加剧，也可能是短暂的。她的意思是，公司需要一系列新的动态能力，以"在短暂优势的浪潮中冲浪"。她用了一个贴切的比喻：战略制订正变得越来越不像国际象棋，而更像中国古老的棋盘游戏——围棋。这种复杂的棋类游戏平均包括 150 步，意味着有 10 170 种组合。对人类大脑来说，这种几乎难以搞懂的复杂性组合，更加重视横向思维而不是线性思维和计算。不出所料，人工智能在围棋上比在国际象棋上多花了10年时间才击败人类顶级棋手，此后便在不断进步。①

大多数领导团队意识到，这些数字技术之间的新联系，可能给其行业带来意想不到的动荡和颠覆。一些人已经厌倦了即将发生剧变的一般性警告，他们说："好吧，我们知道了，但我们该怎么做？"当某些情况出现时，他们难以预测即将发生的事情：

● 数字平台帮助新的全球玩家以意想不到的方式出现。如今，中国在移动支付能力方面遥遥领先（大约是美国的50倍）。在短短15年的时间里，在《财富》评选出来的世界500强企业中，中国企业的数量增加了20多倍。

● 市场界限正变得模糊，并且渐渐消失。金融科技（Fintech）正在改变货币本身的性质，包括客户交易和担保贷款的方式。一些国家、地区（如百慕大群岛和瑞士）和公司正在区块链技术上押下重注，这些技术使得加密货币能够进行去中心化的电子价值交换，此举可能会加速现金的淘汰。

● 复杂的生态系统正在浮现。本周的竞争对手可能摇身一变成为下周的供应商、客户、合作伙伴，或者以上皆有。虽然

---

① 1997年，在正式比赛条件下，IBM的计算机程序"蓝色巨人"在纽约市击败了当时的国际象棋世界冠军加里·卡斯帕罗夫。2016年，在韩国首尔，在严格的比赛条件下，DeepMind的神经网络程序"阿尔法狗"（AlphaGo）在五局比赛中以4:1的比分击败了当时排名第一的围棋冠军李世石。

苹果和三星在手机市场上竞争激烈，但苹果手机关键零部件的供应仍依赖着三星。

● 变革的步伐正在加快。时间如此紧迫，以至于传统的等级组织已经跟不上变化的速度。

与此同时，各组织还在努力应对利益相关者和客户的需求、竞争对手的战略、资源获取以及政治和监管环境的持续变化。数字化冲击加剧了所有这些挑战。

数字技术制造的不确定性可能模糊了我们对未来的愿景，因为它也许建立在未经检验或错误的假设之上。例如，人们迅速拥抱和接受社交媒体平台，却不经意间掩盖了隐私问题。2018年剑桥分析公司丑闻曝光后——当时Meta可以在未经用户许可或知情的情况下分享其个人资料——人们开始意识到，他们私密的数据也许正以始料未及的方式传播着。正如Meta的COO雪莉·桑德伯格后来承认的那样："我们发现这一点时太晚了，采取行动也太慢了。这是我们的责任。"

另一个不确定且危险的假设是，数字技术的进步必然会让顾客满意。Meta和财捷集团（Intuit）的Quicken软件等，都凭借易于使用、节省时间、降低风险和提高生产力等特点和功能，为客户创造了价值。

数字创新者日益面临着直接的系统威胁——黑客攻击和网络安全漏洞——以及来自系统限制的间接威胁。这些不确定性助长了数字化冲击的旋涡。由于数字技术以不可预测的方式相互作用以及与其他趋势相互作用,我们只能给出预期的结果。

对组织来说是祸还是福

数字技术的重组性质,使得它们有利有弊。它们的弊端在于,为了发现相关的信号,领导者需要费力地处理大量的信息——其中很多是嘈杂的、无关紧要的信息。正如内特·西尔弗(Nate Silver)指出的那样:"信息已不再是稀缺品……但相对而言,有用的信息却很少,因为无用的数据会分散我们对真相的关注。"塔吉特(Target)、美国在线(AOL)和信用评分公司的网络安全漏洞变得更为严重,因为我们忽略了无数的系统入侵的警报,黑客最终获得了足够的技能,破坏整个系统并且窃取敏感的客户数据。到最后,超负荷的虚假警报让一线的计算机分析师变得麻木了。

技术的进步也可能滋生内部问题,并且让它们在阴影中溃烂。富国银行的丑闻,即客服人员使用数字手段为现有客户创建了超过 200 万个未经授权的账户,就颇具启示意义。这种不当行为在该公司的零售银行和信贷业务中持续了多年。最终,这家银行支付了 1.85 亿美元的罚款,拨出约 1.1 亿美元应对集体诉讼，并且解雇了 5 300 名员工。富国银行的数十万汽车贷款客户在他们既不需要也没有批准的汽车保险上进行了数字注册，不幸的是，成千上万的人因为没有支付保险而被收回汽车。

由于银行系统允许客户无须亲自到某家分行就可以开户，或者仅需提供纸质签名文件就能开户，导致这个问题变得越来越严重。出纳员、客户代理甚至自动化系统都可以创建看似合法的账户，他们还可以操纵账户的偏好，这样一来，客户就不会收到账单，从而也不会知道这个账户的存在。早在 2005 年，富国银行的员工就揭发了这种激进销售策略以及银行高层施加的开设这类欺诈账户的压力。如果说领导者知道这些警告，显然他们并没有留意。

数字技术的进步也可能是老牌企业的福音。尽管一个博客帖子也许破坏了人们对公司产品质量的信心，但同样的社交媒体还允许与客户建立更广泛、更深层次的直接联系——以及在错误发生时及时纠正。低成本的竞争对手可能来自马来西亚、巴基斯坦或以色列，但它们对客户的吸引力，为一个真正洞察型组织提供了明确的市场信号，使之有时间做出回应。

例如，数量庞大的网络安全警报这个令人烦恼的问题，或许能通过人工智能技术来解决。人工智能可过滤掉假警报，让技术人员能够专注于真正的警报。网络安全是一场猫捉老鼠的游戏，计算机将不得不扮演更具侵略性的猫的角色。这一挑战也延伸到其他类型犯罪的侦查与预防，如国际贩毒集团、人口贩运和恐怖主义。如今，人工智能技术可以扰乱犯罪网络，帮助找到黑帮头目及其同伙。

反恐团队定期使用智能算法搜索社交媒体通信和其他信息来源，以便发现预警信号。洞察型领导者还必须学会利用这些新的数字技术来保护他们的公司和商业利益。企业可以使用在反恐中运用的人工智能技术更快地感知和做出反应。例如，Meta有一个内部数据库可以追踪竞争对手，包括可能成为威胁或机遇的年轻初创企业。该数据库为Meta提供了一个捷足先登的数据流，包含了它可能获得或复制的有发展前途的新服务功能等数据内容。

警觉地驾驭数字化冲击

为什么有些公司更善于预见数字与市场动荡带来的机遇和威胁，而其他公司却总是落在后头？这个问题是本书的关键。我们将给出的答案是，获胜者具有卓越的洞察能力，这些能力深深嵌入组织流程中，因此得到了进一步的锻炼。虽然几乎每个组织在面对危机时总有些时候会措手不及，但洞察型公司往往准备得更好。

成功的公司不会让自己陷入自满，他们知道"这不会发生在我们身上"的说法，只是一种虚假的自我安慰。他们可能会告诉自己，实力较弱的竞争对手更容易受到数字化颠覆的冲击，正如传说中的那样："我不需要跑得比熊快……只要跑得比你快就行了。"但成功的公司还应该意识到，这样的策略只会为他们赢得短暂的时间：假如熊继续跑，假以时日，它还是一样会抓住你。为了避免自满，战略型的领导者要牢记以下三个原则。

1. 集中注意力是一种有意的行为

洞察型组织小心地管理着那些令人困惑的外部和内部问题，试图弄清楚他们需要注意哪些，可以忽略哪些。他们知道，注意力是所有组织资源中最稀缺的资源，因为这限制了每天关注和应对紧迫问题的能力。关注一切，也就相当于什么都没有关注。诺贝尔奖得主赫伯特·西蒙（Herbert Simon）在1971年写道："信息的丰富造成了注意力的贫乏。假如它导致思维僵化和分析瘫痪的话，更多的信息并不总是一件好事。"

那么，领导者应该如何分配自己和组织有限的注意力呢？在脆弱型公司中，领导者将他们的大部分注意力集中在当前业务上，以实现短期业绩目标，然后用剩余的宝贵时间来应对突发事件、难堪的意外事件或者公司内部当前的紧张局势。

这些领导者很少有足够的时间来思考大局，讨论未来真正重要的事情。因此，他们对意外变化的反应往往是脆弱、分散和仓促的。这就是为什么提前考虑大局确实很重要的原因：它可以促使组织做好准备工作，应对突然出现的内部或外部的挑战。

例如，艾伦·穆拉利（Alan Mulally）2006年接任福特公司CEO之际，公司的生存都成了问题。在此之前的7年里，其市场份额损失了25%，资金也在大量损耗。穆拉利首先采取的一项措施是在每周四上午举行的高层领导小组会议中引入一种强烈的坦诚和警觉氛围。在穆拉利接任之前，大家觉得每周的例会成了致命的战场。高管们从同事身上相互寻找弱点，在会上强调自我保护，而不是敞开胸襟合作。每个人都提前仔细地审查和排练自己的讲话，以确保在例会上发言时不会有什么意外发生。

穆拉利改变了这一切。每次例会开始时，他都邀请高管们坦诚地说出他们内部的问题以及在外部环境中觉察到的异常：你面临什么困难？是什么让你困惑，为什么？这对我们来说意味着什么？我们能做些什么？起初没有人自愿分享任何让他们感到困惑的微弱外部刺激，这种坦率的方式完全改变了会议的基调。穆拉利坚持直面障碍和异常，并且主动分享自己的担忧的做法，推动了领导团队拓宽视野，扩展观点。随着时间的推移，他们对自己的现实变得极其坦诚，也更愿意接受外界的新思想。

接替穆拉利担任 CEO 的马克·菲尔兹（Mark Fields）在一次演讲中赞扬了穆拉利，在福特公司旧的企业文化中，人们认为探讨问题是软弱的表现。穆拉利挑战了这种大男子主义的观点，他认为及早发现问题（包括解决集体的无知）实际上是力量的象征，这样的话，领导者就能诚实地解决问题。这种观念上的深刻改变给福特公司带来了红利，2006 年艾伦·穆拉利加入时，福特正面临着 170 亿美元的亏损。3 年后，该公司向华尔街提出了一项融资计划，银行家们慷慨地为其提供 235 亿美元的新贷款，作为对其重振雄风充满信心的清晰信号。

2. 为了更快地行动，你需要对速度有一种新的看法

一旦组织感觉到了初步的变化，并开始理解这种变化可能意味着什么，问题就变成了"该采取什么行动"。在数字化冲击的大旋涡中，速度是一条特别有益的信条。首先，如果竞争对手抢先一步，行动迟缓通常会加剧损害并且限制反应的范围。其次，预见得更早就有更多时间来制订战略选择方案，以便在合适的时机将其付诸实施——从而避免草率、不可逆转的投资。最后，当丑闻爆发时要尽快采取行动，确立先发制人的地位或者防止负面雪球效应，树立明确的竞争优势。

商业步伐的逐步加快，并不意味着领导者就必须匆忙行

事。比竞争对手更快行动，是为了在必要时做好行动准备，而这首先需要更早预见，并且通过探究问题与探索性的尝试来学习。但是，只有在充分明确关键问题之后，领导者才能以多种选择和应急计划的形式进行协调，使组织做更好、更充分的准备。更早预见，其目的是在需要迅速或大胆地行动时，能获得更大的自由度，而不是被竞争对手的行动所束缚。大多数管理者更喜欢按照自己的意愿行事，而不是迫于其他人的举措做出被动反应。

3. 洞察的能力培育敏捷

处在数字化冲击前沿的组织正从舒适的和已知的风险环境（在这种环境中，决策结果可以确定，概率可以计算）转向未知的和深度不确定的境域。在熟悉的和可预测的环境中，各组织常常能通过"正确地做事"并运用常规的能力，熟练地执行当前的流程，使得一切顺利运转，如供应链管理、执行常规事务和交付可靠业绩等。相反地，要想在深度的不确定性中使一切顺利，需要一个基于三种动态能力的更加警觉的工具包，这三种动态能力是：比竞争对手更快地感知变化、更有效地抓住机会以及根据需要对组织进行改革，以保持领先地位。当公司通过一系列的子能力将这三种动态能力运作起来，进而熟练掌握这三种动态能力时，洞察力就会由此而生。

具有了卓越的动态能力后，洞察型组织便在高度动荡的时候更敏捷。敏捷意味着能够比竞争对手更快行动，并且将资源灵敏地转移到具有更高价值的活动中。例如，当组成了敏捷框架（Scrum）来处理一个新出现的机会或者解决某个最近的威胁时，就激活了敏捷方法。一个由3~9人组成的小型团队或敏捷团队集合了执行计划所需的各种技能。这些是自我管理的团队，遵循透明的流程，使用设计思维方法来研发和测试原型解决方案，并且快速学习。它们与烦琐的、自上而下的创新流程是相对的，这些流程包含重复的会议、大量的文档和许多阻碍进展的障碍。在本书的其余部分，我们将深入探讨洞察的全部含义以及更早预见、更快行动的好处。

值得的洞察

那些花时间和财力来培育洞察力的公司，确实会比其他公司业绩更好吗？最近的一项研究解答了这个问题，并且给出了响亮而肯定的回答。2008年，研究人员在评估了85家欧洲跨国公司的洞察力（或者他们称之为对未来的准备）之后，等了8年再来观察这种洞察带来的好处。如此长时间的跨度足以让我们看到实实在在的业绩差异，我们可以以这些公司2015年取得的经济成就来衡量。在我们早期研究的基础上，这个研究团队评估了一家公司相对于洞察需要具备的远见能力。研究人员用多个指标在两个维度上对每家公司进行评分；然后运用合理的界限将公司归入图1.2所示的四个类别中的一个。2008年，研究人员根据这一分类得出，36%的公司富有洞察力。2015年，这些富有洞察力的公司的利润比其他公司高出33%（以扣除利息、税项、折旧和摊销前的利润计算）。自2008年以来，洞察型公司的市值也增长了75%，而在同样的7年时间里，脆弱型公司的市值仅增长了38%（参见图1.3）。

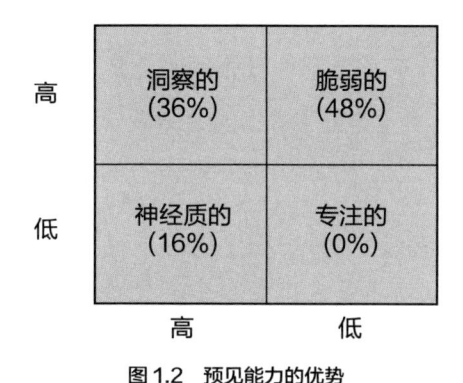

	高	低
高	洞察的(36%)	脆弱的(48%)
低	神经质的(16%)	专注的(0%)

图1.2 预见能力的优势

洞察型 75%
脆弱型 38%
神经质型 −4%

图1.3 85家欧洲跨国公司市值增长情况（2008—2015）

洞察型公司通过成功地平衡稳定与活力，超越其竞争对手，他们的经济回报是通过多种方式获得的。下面是一些由于他们的洞察而实现经济回报的不同途径：

● 更快地获取收益。非营利投资巨头先锋集团（Vanguard）是最早采用人工智能以更低成本为客户提供财务指导的公司之一。其个人顾问服务系统可以自动完成一些任务，比如将投资组合重新平衡，以达到理想中的综合，或者实时地提供基于目标的预测。与此同时，人工顾问则从事更高价值的活动，充当"投资教练"。这样做的好处是在保持低成本的同时维持客户的高满意度。2018年，先锋集团管理的资产超过5万亿美元，服务于170个国家的2 000多万名投资者。

● 减缓竞争对手的步伐。2011年，Kiva的机器人和库存管理系统取得了突破。机器人把即将发货的物品带到靠近卡车车门的包装机上，而不是人工在仓库里找到那些物品。亚马逊很早就看到了这个系统的潜力，于是收购了该公司。这一举措，防止了Kiva的产品销售给亚马逊的竞争对手，后者现在不得不寻找别的方法来满足自动化带来的对速度的日益增长的需求。昔日的竞争对手不得不寻找其他选择；唯一的问题是，没有其他选择。

● 获得先发优势。长期以来，纸质的黄页通讯录一直是"濒危物种"，因为与互联网搜索引擎相比，它的经济模式在加速恶化。但新西兰电信（Telecom New Zealand）公司比别人更快地预见到了这一点，并在 2007 年以 9 倍的可观收益出售其通讯录业务。其他大多数电信公司都没能及时意识到这一点并采取相应行动——他们一直把通讯目录"攥"在手里，直至其变得几乎一文不值。

● 将威胁转变成机遇。下一章将探讨奥多比公司是如何预见到其销售盒装软件的商业模式将面临危机，并且在竞争对手采取行动之前明智地转向基于云计算的订阅服务的。我们将在下一章中详细研究这种转变，以表明领导者需要做到些什么来建立洞察型组织。

未来的冲击仍然在此

善于预见即将发生的事情的人少之又少，知道如何根据这些信息有效采取行动的人更是凤毛麟角，但阿尔文·托夫勒（Alvin Toffler）是个例外。1970 年，他预言社会的加速变化最初会是破坏性的，接下来将成为新的常态，并且继续强化。托夫勒将其称为"未来的冲击……是由未来的过早到来而导致的令人眩晕的迷失"，其特征是贯穿于社会各个结构的"混乱崩溃"。50 年过去了，令高管团队、董事会、投资者和整个社会感到头疼的不再是未来的过早到来，而是对未来的迟缓反应。

未来的领导挑战是将大数据、机器学习、人类判断与人工智能结合起来，以创造差不多可持续的竞争优势——并以一种主动而非被动的方式做到这一点。未来属于洞察型的企业，他们将软硬结合起来，更早地预见，更快地行动。这种定性（软）和定量（硬）方法的综合是困难的，因为在我们的教育系统中，人文与科学之间的文化鸿沟，是通过职业专业化和文化适应而加强的。现实的情况是，洞察型组织需要在其箭筒中准备许多支箭，而洞察型的领导者将利用不同方法的力量，更早地预见，更快地行动。

第 2 章

洞察型组织

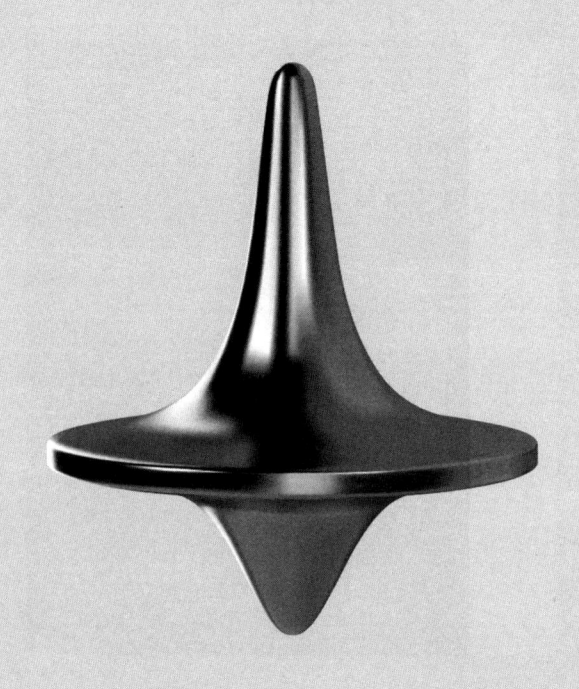

> 如果你能把你今天看到的和你想要去的地方联系起来，那么你可能还不够雄心勃勃，或者说没有足够的抱负。
>
> ——奥多比公司 CEO 山塔努·纳拉延（Shantanu Narayen）

到 2008 年，奥多比公司的图像编辑软件 Photoshop 获得了一种罕见的地位——和施乐（Xerox）一样，Photoshop 已然变成了一个"动词"。然而，该公司新任 CEO 山塔努·纳拉延却感到不安：增长正在放缓，营收的增加主要来自价格的上涨。此外，经济衰退"山雨欲来"，智能手机的普及意味着每个人都可以成为自己的照片编辑器。正如一位高管担忧的那样："我们业务的增长与我们周围正在发生的事情并不匹配。视觉表达正在世界各地兴起……人们分享的数码照片和网站上的视频更多了而不是更少了。我们的业务很稳固，但没了增长。"

2008 年的大衰退对奥多比公司来说是一段痛苦时期。到 2009 年 3 月，该公司的股票价格在 6 个月内狂跌 60%，有传言称微软可能出手收购该公司。在接下来的两年里，领导团队着手实施两项数字化转型计划：第一，2009 年收购著名的网页流量分析公司 Omniture，以便进入数字营销这一新兴领域；第二，改变奥多比创意套装（Adobe Creative Suite）的商业模式，即从原来的盒装软件光盘（用户可以永久使用软件）转变成基于云的订阅，每月只需 50 美元。奥多比公司在 2011 年 11 月宣布的"软件即服务模式"（software-as-a-service）[①] 令忠实的客户感到愤怒，他们喜欢拥有而不是"租用"，也不喜欢在云中存储他们对创意内容的想法。

由于订阅收入是随着时间的推移而产生的，这一变化导致奥多比公司 2013 年的净利润下降了 65%。不过，奥多比公司认为，事实将会证明，降低入门价格将吸引新用户（他们不愿为软件许可一次性支付 700 美元或更多的钱）的理念是正确的。到 2019 年，Photoshop 的订阅者已超过 1 000 万人，奥多比公司的股价因预期持续增长而上涨了两倍，其市值也超过了 1 000 亿美元。向订阅转变的速度如图 2.1 所示。

2011 年春，纳拉延解释了向基于云的订阅模式的转变："我们从根本上认为，必须重新设想这个创意过程。如果我们把创意过程重新想象成桌面、移动和服务的结合——那么，这种表现方式就是创意云（Creative Cloud）。我们还想将新

[①] 软件即服务模式，亦可称为"按需即用软件"，是一种软件交付模式。在这种交付模式中，软件仅需通过网络，无须经过传统的安装步骤即可使用，软件及其相关的数据集中托管于云端服务。用户通常使用精简版的客户端，一般通过网页浏览器来访问软件。——译者注

客户吸引到这个平台上，下一代的客户会更熟悉这种订阅模式——他们每月为多宝箱① 支付 40 美元。提前一年确定用户的需求，并且以一年或一年半为周期将尽可能多的功能塞进产品中，是行不通的。我们束缚了我们的工程师，并且让更多灵活的竞争对手进入。"

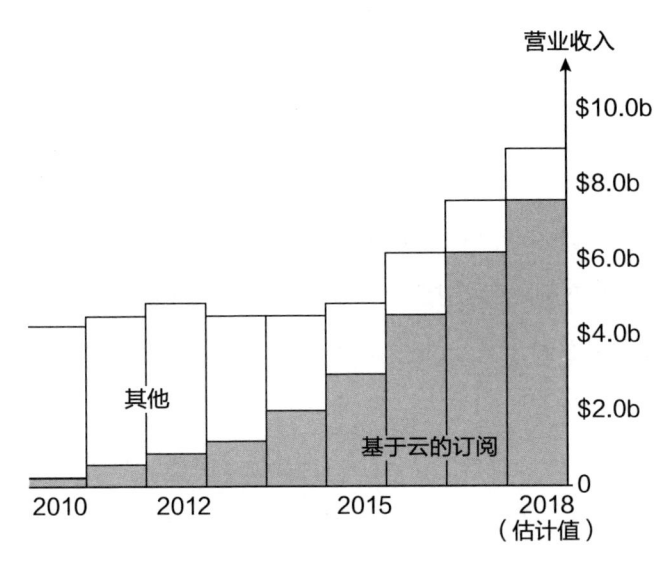

图 2.1 奥多比公司向云技术的转变

2012 年 5 月，奥多比的创意云与创意套装的升级一同发布。2013 年 5 月，该公司建议不再为其授权的软件用户提供软件升级，进一步的创新应用只在云服务中提供。云服务的定价将吸引那些难以为永久许可支付先期费用的年轻创意人员。

---

① 多宝箱（Dropbox）是一种由 Dropbox 公司提供的云存储服务。——译者注

这些创意人员的需求在快速发展，因为他们的移动性越来越强，更多地寻求连接的工作流程，并且创新的步伐也更快。一些创意云的订阅，比如 Photoshop 这样的独立创意产品，价格低至每月 20 美元。

奥多比公司的领导者是如何提高洞察力，更早地发现云计算和数字营销的新机遇，并且在软件营销部队（Salesforce）、甲骨文（Oracle）和 IBM 等公司还没有行动之时，就前瞻性地采取行动的呢？他们是怎样克服那些逼着领导团队审视内部、着重关注眼前的力量的呢？关键是从整体上考虑完整的客户体验，而不是强调产品特性和功能。

和所有的洞察型组织一样，奥多比公司在应对信息过载的瘫痪效应方面比竞争对手做得更好，并且将其稀缺的注意力资源导向了最重要的地方。这种增强的洞察力，要求人们在思维和行为上进一步转变。今天的组织需要模仿一级方程式赛车手，这些车手不得不重新联结他们的大脑，以便使用不同的方式驾驶。正常情况下，想飙车的人本能地更加专注于车子前面的道路，但最好的一级方程式车手恰恰相反，他们专注地盯着挡风玻璃顶端的 1/3。通过关注更前方的道路，他们看到了更大的可能性，同时准备好了避开潜在的麻烦。

洞察型与脆弱型

像奥多比公司这样的洞察型组织在图 2.2 所示的范围中处于洞察型的一端,其领导团队在以下方面不同于那些脆弱的竞争对手:

● 具有敏锐的领导力和强烈的好奇心,对不同的建议持开放态度,并且表现出从长远着眼参与竞争的意愿。

● 更多地投资有远见的活动,并且采用灵活的实质选择权方法来帮助控制不确定性。

● 采用一种灵活的、适应性的策略制订过程,其特点是由外及内和未来回归的方法。

● 在对微弱信号采取行动方面会开展协作和问责,并通过组织部门之间共享信息的方式得到加强。

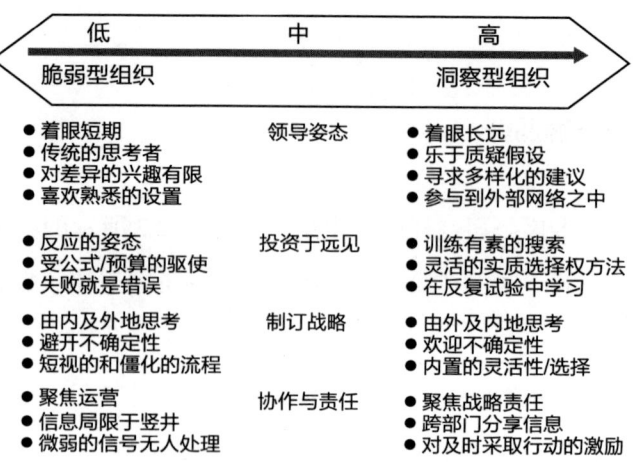

低	中	高
脆弱型组织		洞察型组织
● 着眼短期 ● 传统的思考者 ● 对差异的兴趣有限 ● 喜欢熟悉的设置	领导姿态	● 着眼长远 ● 乐于质疑假设 ● 寻求多样化的建议 ● 参与到外部网络之中
● 反应的姿态 ● 受公式/预算的驱使 ● 失败就是错误	投资于远见	● 训练有素的搜索 ● 灵活的实质选择权方法 ● 在反复试验中学习
● 由内及外地思考 ● 避开不确定性 ● 短视的和僵化的流程	制订战略	● 由外及内地思考 ● 欢迎不确定性 ● 内置的灵活性/选择
● 聚焦运营 ● 信息局限于竖井 ● 微弱的信号无人处理	协作与责任	● 聚焦战略责任 ● 跨部门分享信息 ● 对及时采取行动的激励

图 2.2 你的洞察系数是多少？

下面将讨论这些洞察的属性在实践中的具体表现。

领导姿态

奥多比公司 CEO 山塔努·纳拉延符合洞察型领导者的形象。他仿佛浑身散发着一种兼收并蓄的好奇心，擅长与行业外广泛而深入的关系网络打交道。他是一位耐心的倾听者，善于深入探究，接受模糊的问题，并且激励人们把相互矛盾的观点摆到桌面上来探讨。这种方法鼓励新的观念和对组织内部的微弱信号所持的开放态度。

富有洞察力不仅仅是 CEO 的职责。它必须渗透到高层领导团队中，向高管们表达洞察的倾向，并且发出信号，表示愿意察觉威胁和机遇的早期信号并据此采取行动。领导团队中最有影响力的成员是强大的沟通者，他们与其他职能部门合作，并在所有关键决策上担任 CEO 的可靠顾问。他们可以克服这种孤立的、专注于眼前任务的组织竖井的自然倾向，不只是职能部门或群体利益的倡导者。

洞察型领导者与普通高管的区别在于三个特质：他们着重关注外部，对不同视角持开放态度；他们运用战略远见，探索二阶效应；他们通过创造一种发现的文化，鼓励他人广泛探索。纳拉延概括了这样一种文化的价值："当你试图创新和解决某一次重大转型时，许多人觉得这种转型是不可能的，因为它涉及将从你现在所在的位置与你将来想抵达的位置全部联系起来……你必须创造一种文化，使你能够透彻地看清所有事情，并且承认失败，纠正前进的路线。"纳拉延坚持认为，要赋予这种企业文化生机，"我们必须专注于想要完成的事情的讲故事方面……创造人们能够参与其中的叙事方式。"

富有洞察力的领导团队为各级员工营造了一个心理安全的空间，让他们能够就他们当前领域之外的相关问题分享观点。组织底层的员工可能更加接近组织边缘的微弱信号，必须让他们坚定相信，当他们提出担忧或建议时，组织高层能够开诚布公地倾听。

洞察型领导比远见型领导更重要。尽管愿景是任何战略转型的基本要素，但必须有实现这一愿景的可行路径。否则，组织的接受将是一种幻觉。同时，将人员和过程结合起来将变得更加困难，而这是成功的关键。奥多比公司 CFO（首席财务官）马克·加勒特（Mark Garrett）指出："许多人一开始并不认同这个想法。我们知道，在转型期间，我们的收入、收益和股票价格很可能会下降。我们知道这将是一条漫长而艰难的道路。做出这种变革确实需要勇气——这也是我们不得不接受的。到底有多大的风险？我们真的能安然度过吗？如果股票下跌怎么办？客户、员工、投资者和董事们会怎么想？我们花了很多时间在 Excel 电子表格中进行建模，这有助于我们更适应那种推行变革的想法——瞧，变革就需要这么长的时间，变革到最后就是这个样子。"

投资于远见

在奥多比公司转向云计算之前，该公司在澳大利亚为其创意套装软件包尝试了一种基于订阅的定价模式，在订阅模式和传统定价模式下同时提供类似的产品。这个实验给领导层注入了信心，让他们相信，新的商业模式可以通过吸引新用户来扩大基础，并且通过降低购买障碍来加快升级步伐。他们还了解到，通过持续更新和新的移动应用软件提供持续的服务价值是多么重要。

奥多比公司的实验需要进行仔细的规划，投入大量的时间和金钱，并且要求领导层遵循实验的研究成果。他们正在系统地测试关于如何提供更好的客户体验的假设。这体现了我们在洞察型公司中发现的远见方法。如果不能从这些投入中获得真知灼见，那么，经理们就不得不依靠自己的经验或直觉，而这些经验或直觉也许并不相关。

对远见的投入不是"一次性完成"的权宜之计。相反，要将它们嵌入洞察系统中。以下是一些用来提高洞察力的方法和工具，我们将在本书中进一步阐述：

- 训练有素地搜寻创新的机会。相对于只收集低收益可能性的分散方法，定向搜索将会发现质量更高的点子。
- 扩展已知反应模式的一系列连续的小实验。这可能包括集成了初创计划的创业部门。
- 集中有远见的部门或团队，与战略计划团体、市场营销以及其他前瞻性职能部门密切协调。
- 客户和供应商举行研讨会或者进行会商，旨在了解新出现的客户偏好或供应链中可能存在的漏洞。
- 全球的搜寻团队，他们对硅谷等创新中心或新的、不断增长的细分市场（如年轻消费者）进行访问，以获得第一手的新鲜见解。

- 系统地培养由经销伙伴、合作者、供应商、客户和其他外部联系组成的扩展网络。一个大型组织可能在其整个关系网络中有数千个接触点，可以提供一个早期预警系统。
- 树立一块战略决策看板，用于监控外部情景和测试核心假设的有效性或追踪关键项目的进展情况。

这些前瞻性的投入，通过提供更早地预见、对假设进行测试，并对选择的行动方案进行验证的深刻洞见，产生了直接的结果。没有这些洞见，脆弱型组织只能依靠直觉和本能，缺乏应对动荡的全面战略对策。

制订战略

洞察型组织会定期地重新审视他们的战略优先级、选择和方向，并且做好准备，以充分利用快速的战略挑战。这些组织的优势来自一种由外及内的方法，该方法使他们与客户、合作伙伴和竞争对手保持一致，并且乐于接受不确定性。奥多比公司收购 Omniture 并决定转向云计算的背后，就是这种适应性的战略制订方法。

收购 Omniture 的动力来自 2008 年的一次代号为"蓝天"的战略撤退。在那次撤退中，纳拉延和他的领导团队解决了核心业务增长放缓和当前创新项目组合增长前景有限的问题。他们知道，他们需要进入未来前景更好的市场。正如纳拉延评价的那样："在公司内部，我们有一种基本的信念，即创造和管理内容的地点在发生变化，消费内容的地点在发生变化，使内容货币化的地点也在发生变化。我们还认为数据将变得更加重要。由于我们已经在内容创造领域拥有了巨大的影响力，所以应当拓宽自己的视野，去寻找每个领域中的机会。"向邻近的内容管理领域进军也意味着进入企业软件市场。奥多比公司的DNA是为桌面交付而编码的，因此需要许多新的功能来实现这一转变。幸运的是，该公司强大的品牌，使之得以进入这个邻近的市场，因为使用其打包软件的广告公司、出版商和营销部门对该公司给予了好评。2009年10月，公司收购了领先的互联网营销公司和网络分析专家Omniture，获得了一些所需的能力。Omniture采用"软件即服务"的方式向网络分析师和营销总监等客户销售企业软件。

奥多比公司数字营销计划的目标是通过改变数字营销人员制作、管理、测量和优化营销活动的方式，使得该计划对完成任务的数字营销人员来说至关重要。以下是奥多比公司执行副总裁兼CFO马克·加勒特说过的一段话，说明了奥多比公司及其领导团队是如何将由外及内的思维内化于行的："我们希望奥多比成为CMO（首席营销官）的关键合作伙伴，就像软件营销部队公司说自己是销售主管的关键合作伙伴一样。

我们正在构建一个完整的解决方案。软件营销部队、IBM、思爱普公司（SAP）和甲骨文公司刚刚意识到这是一个巨大的空间，但没有其他公司能说他们是 CMO 的关键合作伙伴。"

Omniture 的集成加速了整个奥多比公司关于数据分析最新进展的隐性知识的转移。这开启了奥多比系统的数字化转型，并且成为当前和潜在客户的一大卖点，这些客户不确定如何在快速数字化的市场中竞争。值得称赞的是，奥多比公司广泛分享了自己的最佳做法，同时向客户学习在哪里以及如何创新其云服务。

另一位支持由外及内方法以寻找和选择战略的著名人士是亚马逊 CEO 杰夫·贝索斯（Jeff Bezos）。他坚持认为："与其问我们擅长什么，我们能用这种技能做什么，不如问我们的客户是谁，他们需要什么。然后你得说，不管我们是否具备这么做的技能，都要给他们那些。"他将这种做法描述为在整个组织中灌输的一种"逆向工作"心态。

成功的战略行动通常首先从领导团队集体地跳出组织开始，需要他们从客户、竞争对手和其他利益相关者的角度来看待组织，然后采取行动。这种立场上的重大转变需要谦卑和同理心的结合（这些常常是组织稀缺的），以及领导者自愿广泛地审视并考虑多个角度。这里的必要因素是一种深深的好奇心。

相比之下，脆弱型公司的战略对话更有可能由内及外展开,并且提出这样的问题:我们擅长什么?我们的能力和技术是什么?我们还能用它们做什么?尽管这些都是有价值的问题,但它们强加了一个狭窄而舒服的框架,同时无意中限制了随后的对话。

为什么由内及外的思维在脆弱型公司中无处不在?首先,在这些公司中,专注于削减成本和提高效率的做法得到了诱人的强化。如果能够迅速地实现业绩提升,那么,对运营稳步改进的追求将有着格外的吸引力。其次,脆弱型公司很难平衡好固有的相互竞争的优先事项。对资源分配、预算和地盘之争的内部隐忧,往往是最紧迫的。最后,企业的资源基础观念隐含地支持一种由内而外的策略制订方法。这种有影响力的理论表明,一家公司的可防御竞争地位主要来自其独特的、难以复制的资源,深藏于组织内部。这些资源赋予的优势是经过一段时间慢慢培养出来的,竞争对手也许很难模仿。组织需要充分地利用它们,而管理层的工作就是改进和运用它们,以获得进一步的优势。这种由内及外的思维在稳定时期或许管用,但在数字化冲击时期就行不通了。

平衡力是前面提到的动态能力模型,其基础反映了一种感知变化、抓住机会和转变组织的进化方法。这个模型可能与"充分利用你当前的能力"的观点不一致,特别是当环境正在迅速地或者深刻地改变之时。

协作与责任

洞察型组织的这第四个属性使得其他三个属性得以蓬勃发展，为组织的成功创造条件——或者说，在不具备这些条件时，就阻碍了信息共享和快速行动。从我们的研究中得到的一条令人信服的信息是，脆弱型公司忍受着官僚主义的弊病。他们的等级结构以及协调分散活动所需的标准化规则和程序，都付出了高昂的代价：

- 跨部门和跨地域的信息横向共享是有限的，因此很难全面了解某个模糊的趋势或异常事件。
- 官僚机构行动迟缓，因为决策必须有许多人参与。
- 几乎没有动机对模糊的信号采取及时的行动。官僚们本能地规避风险，制订规则是为了避免错误。
- 在信号微弱的情况下采取行动几乎没有责任。责任分散或缺失，协作会受到影响。

那么，洞察型组织如何实现更快采取行动所需的协调和责任呢？脆弱型组织是建立在活动和部门分解的原则之上的，而敏捷的、洞察型组织则会使用一些灵活设计的变体，在这种设计中，活动是组合在一起的，行动比某个人的职位更重要。在灵活的组织中，为了获得创意而搜寻外围，尝试各种事物，并且不断地试验，比遵守规则和逃避责任更加重要。洞察型公司所使用的组织流程是由鼓励敏捷的设计原则所引导的。第一，在领导团队中，有人负责收集偏执的观点，组合微弱信号，然后解释它们的重要性。这些人可能位于核心岗位上，负责广泛的兴趣领域。第二，提升洞察力是一种团队运动，因此各团体可以组成地理单元或者参与核心流程，如供应链管理或者授权探索区块链技术的相关性。第三，在洞察型组织中，有一些程序是用来辨别和分享员工有说服力的见解的，这些见解从工作人员的沟通和信息发布中获得，或者通过某个共同的信息系统而获得。这里传递出的信息是，相对于竞争和孤立，协作与沟通是能够更早预见和更快行动的方式。

通过建立清晰的指标，将组织关注的重点放在特定的搜索任务之上，然后试着将团队或个人的激励措施与成功地执行必要的活动联系起来，可以培养早期感知微弱信号的责任。纳拉延坚定地相信，应当在"领地上插旗"（即明确自己的责任范围），并设定三年目标。这就发出了强烈的内部信号，表明了什么是重要的，并且对外部利益相关者而言也是一个有影响的信号。用奥多比公司 CFO 马克·加勒特的一段话来作为总结是合适的，他在谈到该公司是如何让股市欣赏其战略时说了下面这段话：

> 我们让华尔街做好了 2012 年营收和收益大幅下

滑的准备。我们还分享了新的指标,以帮助分析师在我们经历这一转变时测量业务的健康状况。我们将他们的关注焦点转移到了创意云业务的构建模块上——订阅、折合成年率的经常性收入(annualized recurring revenues,ARR),每位用户的平均收入以及已签约、延期或待定的收入。我们给了他们一些"记号笔"——例如,我们曾说过,2015 年我们的用户将达到 400 万,并开始积累 ARR。随着这一转变的推进,到 2013 年底,投资者开始感兴趣,并开始询问长期目标。因此,我们预测了 3 年的复合年增长率和每股收益,并且分享了这些指标。

脆弱型还是洞察型

在图 2.2 中,大多数公司更接近脆弱的一端。他们的运营重点是在此时、此地对即时的竞争做出反应,并且在削减成本和追求效率收益的同时,满足客户的迫切需求。当出现数字化冲击和日益增大的不确定性时,这种姿态变得越来越危险。

我们的客户想知道他们应当怎样集中精力来变得更具洞察力。哪些特定的行动将产生最佳的结果?在第 7 章中,我们将根据我们所了解的洞察力的四个属性的共同作用,区分洞察型和脆弱型组织，并介绍一份详尽的行动方案。

附录 A 中的诊断工具旨在根据这四个属性对组织进行校准。我们多次使用这份调查来帮助客户找到他们在"洞察力"上究竟处在什么位置。为给他们的判断提供背景，并回答他们的分数与优秀公司的分数之间有多大差距的问题，这份调查对 118 家公司进行了抽样。

这份调查使用多个问题来评估洞察力的四个属性。我们对样本中所有公司的这些属性进行了评分，然后评估哪些属性最能解释他们过去在更早地预见、更快地行动这两个方面的表现（分析的细节详见附录 B）。我们发现，洞察型领导和在远见中的投入，与业绩高度相关。这两个属性是保持洞察的动力，也是取得成功的必要条件。提高洞察力的计划，必须从这里开始。

组织如何制订战略，以及怎样确保协调和责任，是领导层可以用来作出改进的赋能因素。单凭他们自己，领导者无法克服短视领导或者对远见的缺乏投入。例如，一种由外及内的制订战略的方法是组织中至关重要的，但重要的是领导层应该如何实施这种方法。

领导者面临的挑战是平衡"由外及内"和"由内及外"的思维方式，而不管这些问题是内部问题还是外部问题。由外及内的思维方式意味着远离最初导致问题感知的视角，而这通常是一种狭隘的或者以自我为中心的视角。特别是在数字化冲击的环境中，分析必须从外部重新构造问题开始，然后在当前关注的问题之间来回迭代（参见图 2.3）。英特尔公司的传奇领导者安迪·格鲁夫（Andy Grove）是扩张性思维的强烈支持者，因为扩张性思维会自然而然地挑战最初的问题框架。他一直在寻找市场上的战略转折点，敦促他的领导团队预测并应对计算机芯片行业的革命性变革。在被任命为 CEO 后，格鲁夫挑衅地问他的管理团队："假设我们刚刚收购了英特尔，我们还会继续走原来的路子吗？"这个深刻的外部问题，最终使得管理团队将注意力从内部存储转向半导体。

洞察型领导者会区分那些能够可靠预测的情形——比如人口趋势、商业周期、监管变化或技术趋势——以及他们的组织或外部专家都不能完全理解的外部不确定性。后者包括 2008 年爆发的金融危机、中东的政治动荡、云计算的发展和机器学习的前景。在一个不确定和模糊的世界，重点应是提出更好的问题，寻求新的洞见，加速学习，并且创建响应性的组织。加强和利用敏捷的组织能力，比简单地模仿最佳实务要重要得多。

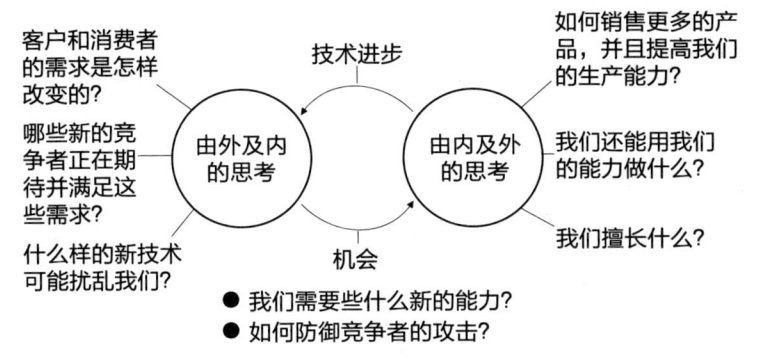

```
客户和消费者              技术进步         如何销售更多的产
的需求是怎样                               品,并且提高我们
改变的?                                   的生产能力?
         ┌──────┐        ┌──────┐
哪些新的竞   │由外及内│        │由内及外│   我们还能用我们
争者正在期   │的思考  │        │的思考  │   的能力做什么?
待并满足这   └──────┘        └──────┘
些需求?                                   我们擅长什么?
什么样的新技              机会
可能扰乱我们?
         ● 我们需要些什么新的能力?
         ● 如何防御竞争者的攻击?
```

图 2.3　将由外及内的思考和由内及外的思考结合起来

评估你的洞察系数

在过去十年里,我们与数十家跨国公司合作,帮助其管理团队,提高洞察力。我们常常要求领导团队回忆过去五年里他们对关键趋势或主要转折点的迟钝反应等重要事例,开始与领导团队接触。然后,我们还要求他们举例说明他们的组织是在外部变革还是内部发展之前完成图 2.4 中的情形的。我们的目标并非指责或寻找替罪羊,而是获得成功与失败的平衡画面,看看团队的盲点或成功中是否存在模式。深入了解每一个事件,可能预示着未来问题和机会的来源,以及新的方法。

	威胁	机遇
及时预见，以采取行动	避开问题	创造优势
太晚发现，必须做出反应	难以跟上	错过机遇

图 2.4　四种类型的成功与失败

一家专攻高端显微镜的医疗诊断公司很早就推出了高清显微镜产品，但很晚才发现更便宜、低端的体外诊断设备正在蚕食其市场份额。另一家公司——奥林巴斯（Olympus）——在相机行业享有盛誉，它在高品质水下相机市场中遥遥领先。这些设备需要非常牢固的设计，以便相机能够承受强烈的压力，同时防止盐蚀和水的渗入。这家在外部市场感知方面很有一套的公司后来遭受了重大的内部会计丑闻，而且这个丑闻发现得太晚了，严重损害了其自身声誉和财务业绩。

同样的一家公司，是怎么能够迅速发现一个复杂的外部机会，却对自身内部长期存在的财务欺诈行为视而不见的呢？这家公司能察觉一个外部机会，而察觉不到一个内部机会呢？事实上，在一个组织中洞察力并不是平均分配的。之所以出现这种不一致，是因为没有哪个组织是铁板一块，没有任何弱项；有些部门可能擅长运营，另一些部门也许擅长创新，还有一些部门或许善于观察。因此，整个组织可能不是最好的分析单元，特别是对大型组织和多部门组织而言。洞察力应当以细粒度衡量，因为它在团队、职能、部门和业务单元之间的差异很大。

与我们合作的另一家电子公司很少遗漏任何与其技术相关的东西，但通常很晚才察觉到消费者对包装、颜色、重量、易用性等方面偏好的变化。与技术质量对销量和净利润率的影响相比，这些消费者问题的影响实际上更大，但公司以工程为中心的文化削弱了对"软性的"消费者问题的深刻理解。他们经常把这些"次要问题"留给合作伙伴，其合作伙伴在配件或周边产品上的利润率甚至要高于该公司在核心产品上的利润率。对消费者而言，这些附加功能非常重要，通常是促使他们作出购买决定的主要因素。

一旦过去忽略了的威胁和错过了的机会开始真正浮出水面，领导者下一步要做的就是深挖其他人忽略它们的原因。这可能是一项敏感的政治行动，需要谨慎处理。例如，一家生产可重复使用的内窥镜（一种用于检查人体内部器官的医疗设备）的欧洲制造商没有充分认识到一次性替代品的威胁，直到后来发现这一威胁后却为时已晚，该公司无力再去捍卫自己的强势地位。该公司没有过多关注用户的沮丧情绪的一个原因是，他将自己视为可重复使用内窥镜的制造商。这种狭隘的思维框架和自我定义造成了短视,并导致公司没有发现多种新兴技术的问世,这些技术结合起来,使得一次性的内窥镜成为可行的替代品。该公司还未能监控生产过程的改进,这使得竞争对手能够更快地将更低价格的设备推向市场。

在呈现了一个具有代表性的成功和失败的横截面后,我们接下来与领导团队合作,以找寻任何重复出现的模式,并确定组织依然脆弱的可能的深层次原因。我们寻找早期察觉和太晚察觉的例子。我们两位作者中的一人曾在伦敦的荷兰皇家壳牌集团从事规划工作,那时该集团因其出色的场景规划能力而闻名。这种方法帮助壳牌比大多数竞争对手更好地了解大趋势和不确定性。然而,在了解消费者情绪并通过有效利用媒体解决问题方面,壳牌的表现还不够出色。20世纪90年代末和21世纪初的几次重大失败表明,该集团对媒体、特殊利益集团和公共关系的理解还存在严重缺陷。

举个例子,1995年,绿色和平组织(Greenpeace)强烈抗议壳牌集团在北海沉下已经废弃的布伦特斯帕大型平台(Brent Spar platform)的计划。由绿色和平组织策划的社会舆论,导致德国、比利时、荷兰、卢森堡等国消费者的抵制,最终迫使壳牌放弃这个计划。在另一个案例中,壳牌资助了尼日利亚的学校和其他有社会价值的项目,但没有对资金流动情况进行足够严格的监控;当太多的钱落入拉各斯市腐败政客的口袋时，壳牌卷入了令人尴尬的诉讼之中。在第三个例子中，壳牌在公众对公司高度不信任的情况下采用了过于有利的估算技巧，夸大了其地下油气储量。恰好在泰科（Tyco）、世通（WorldCom）、安然（Enron）等公司相继爆出丑闻之后，壳牌仍做出了上述夸大的估计。结果，过于膨胀的地下储量估计，使得壳牌极其强大的勘探与生产部门的主管丢掉了工作。显然，在谈到外界对壳牌的看法时，会认为其洞察力存在严重缺陷，包括没能察觉出外部各方渴望其承担的责任。

如果我们不提到上面的几个挑战，那将是我们的失职，这些挑战可能来自领导者对"洞察失误"进行的内部审查。如果没有公开进行失败评估，管理也不谨慎，加之下属扭曲或隐藏信息而产生与洞察相反的后果，他们也许会沦为替罪羊。此外，事后的偏见很容易误导人们，并且催生旨在避免同样错误再次发生的肤浅建议，而不是着力去解决更深层次组织问题的建议。这样的表面补丁将造成错误的信息，使组织更有可能错失其他重要的信号。组织可通过关注目标来避免这些风险，目标是确定更深层次的模式并找到更广泛的改进领域——而不是解决旧账，或者简单地亡羊补牢。

如果做得好，评估过去洞察力的成功和失败，应当能够激励领导团队。为了汲取广泛适用的经验教训，团队必须努力了解过去遗漏的重要信号以及它领先于曲线的时间，并达成一致，这将有助于领导者将注意力集中在最重要的事情上。如此一来，团队的成员就不会因为每天出现在他们面前的令人眼花缭乱的噪声而感到无助或困惑。

下一章将探讨领导团队的集体注意力，这或许是所有资源中最稀缺的。组织和个人一样，注意力范围和时间储备都有限。领导者的作用是评估集体注意力可能不足的地方，然后相应地关注组织的心态。错过的信号可能反映了过度的过滤和注意力的错误分配，就像尽早看到机会意味着适当的关注和搜索方法一样。组织的注意力应当在个人、团体和更广泛的组织层次上进行战略管理。

第 3 章

管理组织的注意力

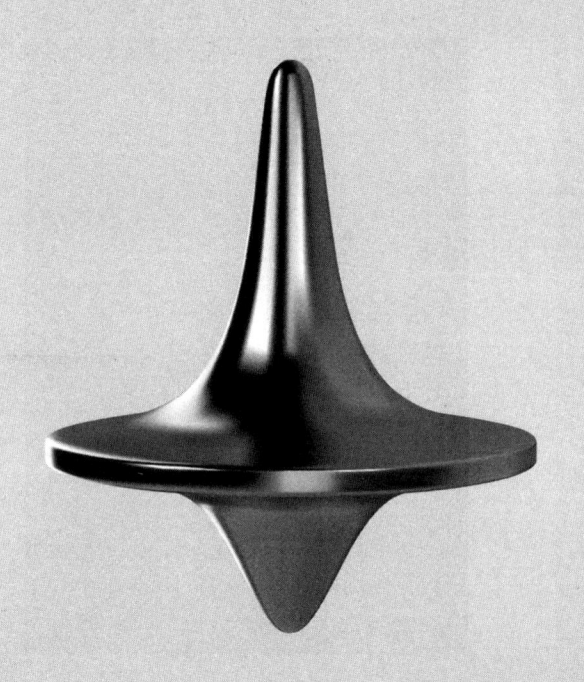

信息的丰富，造成了注意力的贫乏。

——赫伯特·西蒙（Herbert Simon）

在一个日益复杂的世界里，现代领导团队最稀缺的集体资源，可能也是最重要的资源，就是注意力。在洞察型公司中，可以用领导的注意力来提高灵活性和优势，而在脆弱型公司中，错误的注意力将造成盲点、短视和反应迟缓。

这就解释了为什么宝丽来公司（Polaroid）从模拟成像转变到数字成像如此缓慢。该公司的领导团队过于看重即时成像（拍立得）业务，以至于最初错过了向无胶片数码相机的转型发展机会。他们的集体思维模式受到"剃须刀与剃须刀片"商业模式的主导，在这种模式下，相机公司的利润通过销售即时成像的胶卷盒来获得。在此情况下，相机就像剃须刀一样——只是达到目的的一种手段。当数码相机已成为一种可行的且广泛流行的替代产品时，宝丽来却再也难以赶上了。最终，该公司所有的努力都是徒劳，在 2001～2009 年间两次申请破产。

动荡的商业环境正迫使许多传统公司挑战自己的业务模

式。例如，几乎每一家大型石油和天然气公司的领导层都在将注意力重新集中到清洁能源领域，同时也注重仍然有利可图的油气业务。目前，第二波清洁能源战略正在酝酿之中，可能使得第一波相形见绌。在电动汽车增长和可再生能源经济变化的推动下，领先的玩家正在改变他们对未来的看法。例如，壳牌收购了一个荷兰的汽车充电网络；2017年，挪威国家石油公司（Statoil，现称为Equinor）部署了世界上第一个浮动风电场；法国石油巨头道达尔公司（Total）持有可再生能源公司埃伦（Eren）23%的股份。

在许多其他行业中，高级领导团队面临两个紧迫的问题：一是如何扩大他们的集体注意力资源，使之不会成为对更早预见的能力的束缚；二是怎样最好地分配这种扩大的注意力，以发现来自公司内部和外部的威胁和机会的微弱信号。

在应对这些挑战时，洞察型和脆弱型组织之间的对比是惊人的。像玩具反斗城（Toys "R" Us）等许多已经申请破产的脆弱型组织的领导层仍然忙于担忧经营问题和应对日常压力。因此，他们的大部分时间都花在应对事件上，而不是模拟意料之外的事件和预测可避免的危机。这种单调乏味的"灭火"工作很容易变成一个向下的螺旋，也就是说，可以用来察觉来自外部的微弱信号或者更深入探测它们的时间越来越少了。相反，洞察型组织充分认识到管理层关注的局限性，并保持领先一步。

个体注意力的心理极限

每个领导团队都是个体的集合，团队中的每一位成员都具有有限的内在能力，通过他们的精神过滤器来关注、吸收和处理信息。幸运的是，人们对这些限制以及如何克服它们已经有了相当多的了解。

环顾周围的角落不是一件容易的事。我们的精神资源都有限，而且我们不明确地屏蔽了不相关的信号。问题在于，孤立地看，一些信号脱节得太厉害或者看起来毫无意义，以至于我们很难识别将它们联系起来的潜在线索。这里的挑战不仅仅是认知上的，还有情感上的；可能有些事情我们不想知道或不想看到，从而导致我们"视而不见"。

美国新墨西哥州最大报纸的资深记者茱莲娜·古铁雷斯·克鲁格（Joline Gutierrez Krueger）十分不幸地遭到了这种视而不见的打击。该州是美国阿片类药物使用过量率最高的州之一，从20世纪70年代末开始，阿片类药物在归国的越战退伍军人中泛滥成灾，克鲁格深度报道了这类的药物危机。然而，她却完全忽略了自己家里出现麻烦的信号，不管这些信号是强烈还是微弱。她的大儿子因服用过量阿片类药物而被送往当地医院，心脏一度停止跳动，昏迷不醒，此后不久便去世了。作为一名训练有素的记者，克鲁格反问自己，为什么她的"妈妈雷达"距离如此之远，以至于没有意识到问题的存在。她责怪自己是个"具有反面教育意义的妈妈"，告诫孩子们认识毒品的危害，却从未注意到自己家里发生的事情。尽管导致这一悲剧的原因有很多，但这个故事象征着我们在将有限的注意力分配到真正重要的事情上时所面临的挑战。

许多关于注意力的研究都强调，个体对人类在任何时候能处理多少信息是有限制的，我们对所关注的事物的控制程度各不相同，而我们的动机或直接兴趣，是十分重要的。我们将讨论来自这些研究成果中的四条有价值的洞见，帮助提高领导团队的处理能力。

1. 注意力是一个平衡我们内部能力与外部需求的过滤机制

这种能力并不是完全固定的：如果我们感兴趣、觉得好奇或者需要全神贯注，精神的努力就会上升。心理过滤始于处理微弱的信号和每时每刻都在轰炸我们的其他刺激。一旦刺激从外部出现，或者通过推理或想象从内部出现，问题就变成了如何对它们进行优先排序。显然，个人的兴趣和性情会影响我们的注意力。如果在工作时接到了一个关于家庭问题的紧急电话，那么处理家庭事务很快就成了我们的首要任务。同样重要的是我们在手头的问题上投入了多少情感，以及还有其他什么东西在争夺我们的注意力。

管理工作往往是零零碎碎、快节奏的，通常由外部力量发起，使得高管处于高度被动的状态。正如对历史的研究被总结为"一件该死的事情接着一件该死的事情"那样，管理工作也是如此。争夺注意力的一系列问题可能令人眼花缭乱，CEO们在怎样投入时间以及在什么地方投入时间方面，也存在很大差异。我们某种程度上耗尽了处理所有事情的心智能力，从而引发了对什么更重要或者更不重要的重新评估。一些对注意力分配方法的摸索可能是预先设定好的，如公司政策、老板确定的优先级和你自己的待办事项清单，但是，还有许多注意力分配是在当下决定的。过滤的最终结果是产生一组可能的活动，然后是具体的响应或行动。

2. 我们看到什么，取决于我们期望看到什么

在人类的视觉中，外围是我们密切关注的区域之外的模糊区域。因此，对个人和组织来说，任何从外围出现的微弱信号通常都不易察觉、难以理解，并且在规定的行动方面是模糊的。外围的视觉涉及感知、解释和探索之间的相互作用，我们看到的东西强烈地受到我们期望看到的东西的影响。个人往往由于专注于手头的任务，以至于对环境的重大变化浑然不觉，因为这不在他的关注范围之内。这在著名的"大猩猩在篮球比

赛中走过去"视频实验中得到了很好的描述。这个实验是这样的：实验者要求观众数一数身穿白衬衫的球员传球的次数，与此同时，一个身穿红色球衣的球队也在球场上传球，而且只是在队员之间传球。在实验的中途，一名身着大猩猩服装的男子穿过球场，他没有打扰到任何一位球员。尽管他甚至会停下来捶胸顿足，但大约有一半的观众没有注意到他。他们只是忙着数场上球员的传球次数。

3. 我们可以增强感知微弱信号的能力

在强化我们的外围视野时，通常涉及成本，公司必须投入资源，并将这些能力的发展作为优先事项。个人和组织都面临的挑战是在焦点视觉和外围视觉之间找到正确的平衡。想想比尔·布拉德利（Bill Bradley）在成为美国参议员之前的大学篮球生涯：布拉德利与球场上的其他球员相比有着一种不可思议的意识。他的边缘视觉为195°，超出了眼科医生的180°范围。也许是天赋异禀，他从小就培养了边缘视觉。他在人行道上行走时，眼睛看向前方，保持头笔直，然后试着辨别左边或右边商店橱窗里的商品。之后，他会背对着篮筐站在球场的各个地方，快速转身，一旦视觉边缘出现了篮网，他便尝试着盲投。最后，他磨炼出了一种极好的感觉，一位记者将其形容为极佳的"身临其境感"。

4. 我们可以（重新）引导注意力

因为我们一次只能聚焦几个点或者专注于几种可能性，所以，对即将到来的威胁或机会的微弱信号，我们需要从周围分散注意力的噪声中分离出来。这得就一些高度优先的领域提出探索性和引导性的问题。为此，壳牌 CEO 向其团队提出了这样一个问题："如果快到极致，电动汽车能多快问世？"2014～2016 年期间油价下跌，而全球电动汽车销量翻了一番，从每年 32.3 万辆增加到 75.3 万辆。这一趋势引起了他的关注。在 2016 年之前的 6 年时间里，电动汽车使用的锂电池的价格下降了 73%。壳牌的规划主管将公司面临的挑战描述为"极端的不确定性"。

为了帮助领导层全面把握形势，壳牌规划团队通过整合两种关键的不确定性，提出了四种可能的未来情景：①全球对任何一种能源的总需求；②替代能源的可能渗透，如太阳能、风能、潮汐能、生物质能和其他可以减少化石燃料需求的能源。低能源需求和高技术替代的结合表明，世界对石油的需求将在 21 世纪 20 年代中期达到峰值。这种情况将给大型石油公司带来最为剧烈的动荡，壳牌乐观地将其称为"美丽新世界"。实际上，壳牌不知道在这两个引导性问题所暗示的四种组合中哪一种最能描述未来，也不清楚每种情况出现的速度会有多快。但他已将其注意力积极地扩展了，以理解数字和替代能源技术的含义，为未来的展开做好准备。

扩展领导层的注意力

当领导团队中的每一位成员都已经超负荷工作，而数字化冲击只会增加负荷时，他们要如何扩大其集体的注意力，以关注微弱信号？我们可以把注意力资源想象成一块海绵，组织的吸收能力限制了能够吸收和采取行动的信息的数量，也就是说，组织识别和吸收新信息的能力是有限的。"组织能吸收的东西是有着内在限制的"这一观点，对管理注意力具有重要的意义。

组织的吸收能力取决于个体管理者的能力、先验知识以及通过"看门人"转移知识的能力。必须有人成为问题或主题的核心人物，当他们需要在组织中找到互补的知识时，这些核心人物的工作效率最高。为了培养这些联系，一些洞察型公司投资于内部搜索引擎，帮助人们快速找到知晓感兴趣话题的人们。

增加团队的多样性，也能提高组织的吸收能力。我们的头脑中都有一套关于世界如何运作的潜意识偏见、假设和信念。这些思维模式帮助我们理解世界，但当世界的变化日新月异时，往往会阻碍我们完全理解正在发生的事情。当组织中的每个人都有着相似的心态和相同的反应方式时，这个问题就会加剧。其结果是：企业的学习过程往往只是强化了共同的观点，而忽视或排斥相反的观点。因此，提高适应性的第一步是使人才库多样化，以接纳那些不会固守现状的人。局外人或者紧密联系的伙伴，如广告公司的员工或顾问，也可以带来不同的生活经历并对不同信息保持开放的心态。

根深蒂固的企业DNA总是存在这样一种风险：会以现状维护者和思想警察的形式发动内部"抗体"来拒绝"外部入侵者"。洞察型领导者通过保护异类不被边缘化来守护不同见解的价值。洞察型组织更能成功地绕过其吸收能力施加的限制。他们采用的方法有两种：减少处理信息的需要，或者提升处理信息的总能力。让我们依次检查每一种方法。

减少需要。当组织处于稳定状态时，就会有执行战略和完成工作的既定程序。计划一旦出现异常或偏离时，问题会被发送到命令链上，最终由命令链的顶层做出决定。当由于环境不断变化而失去优势时，不断加剧的动荡将导致传统的命令与控制结构的既定程序出现更多异常。减少这些异常造成的过载的一种方法是通过延长交货期或增加库存缓冲和容量来增大松弛。松弛通常是要付出代价的，但也会带来好处，比如减少对领导团队解决紧迫问题的持续需求。让高层领导者有更多时间在一定距离之外反思或许是值得的，尽管这是一种看起来并不理想的松弛。

另一种解决垂直处理信息需求的方法是，将企业重新组织为更小的、自治的单位，以避免层次结构过载。除了按地区或产品群组下放传统的权力之外，组织的某个部分可能主要负责当前的业务，另一个部分则负责为未来做准备。这种分而治之的方法最终需要一种整合机制，正是在此时，双元型领导能力变得尤为重要。我们将在第 7 章进一步研究这些不同的可能性。

提高能力。这是一种平衡组织垂直处理信息的需要和有限的注意力与资源的替代方法。提高垂直能力可以通过投资更好的信息处理系统来进行，如正式的报告程序。通过允许更多的跨组织边界的横向沟通，也能够提高整体能力，无论是在公司内部使用矩阵结构，还是通过改善伙伴关系。这是保持内部研发能力而不是完全依赖外部资源的一个基本原理。内部研究小组可以协调支持公司增长战略所需的技术，但前提是其拥有评估技术进步所需的适当知识。这需要一个深邃的外部关系网络来获得早期预警，同时，还需要具备管理合作与建立关系资本的能力。

维尔福公司（Valve Corporation）将这两种方法推向极限，以应对快速变化的数字环境。该公司成立于 1996 年，由前微软员工创立，最初是进军电子游戏市场，后来通过激进的授权和团队智慧，开始到新市场上发展。该公司打破了传统，在招聘新人才时，只看他们是不是具备已证实的辨别和抓住新市场机会的能力。员工可以在不同的部门之间自由流动，从事自己感兴趣的工作。重要的是，他们需要为自己的产品和错误承担责任。维尔福的员工掌控着公司，拥有为项目开绿灯的权力。公司聘请员工，不是为了填补具体的岗位，而是为了不断寻找他们能够完成的最有价值的工作。这么做的目的是摆脱部门竖井、自上而下的层级结构和程序化的任务，以寻求更大的创造、创新和自下而上的领导。维尔福的基本假设是，当涉及感知新的市场机遇时，没有人能给出所有答案。该公司的员工有完全的自主权来提议项目、招募项目团队、设定预算、确定时间表以及向客户发货。这种扁平化组织的"多头政治"方法（polyarchic approach）与传统的独断专制相反。在传统的独断专制管理模式中，少数权势者决定一切。这种大胆的新模式已经产生了一些重要的成果，包括作为数字发行权利管理、广播和社交网络产品的 Steam 平台（Steam 平台是目前全球最大的综合性数字发行平台之一，玩家可以在该平台购买、下载、讨论、上传、分享游戏和软件）。这个创意最初是少数员工的创意，没有进行任何自上而下的规划。如今，该平台已包含用户创造的四亿多条内容，为公司带来了大量额外的授权和交易手续费。

　　公司必须协调这种多头政治释放的无限创造力，以产生明智的战略举措，同时避免重复劳动和其他的成本低效现象。维尔福通过一种叫作"社会认同"的抵消方法来实现这一点，借助该方法，个人提出的创造性的点子必须通过几个过滤器才能向前推进，其中包括"三原则"。按照"首先你必须让混乱统治，然后你必须控制它"的格言，一项提议必须获得至少三个人的支持才能得到批准。在维尔福，这意味着无须正式批准便可以开始工作并且获得预先设定的资金。然而，由于其他员工也知道这个项目，一种非正式的社会确认方法就此形成，但不存在正式的自上而下的监督。在快速变化的环境中，项目管理通常倾向于更加灵活和自下而上——例如，通过使用敏捷框架的团队。在软件、研发或环境搜索等领域中，创造性的或不确定的任务需要以人为中心（而不是以正式的程序为中心）的敏捷方法，以鼓励非正式性、速度和与可能具有相关隐性知识的不同贡献者的协作交互。

这种非正式的、自发的方法创造了更大的动力、更广泛的透明度和更深层次的内部对话。当人们可以自由地探索和提出观点，而且不需要团体的批准时，创造力往往蓬勃发展，而团体的批准常常扼杀了那些来自特立独行或主动思考的人们的点子。和有效的头脑风暴一样，在开始时应该很少对新点子进行评估——只要进一步的阐述和扩展就行。一旦足够多的好点子浮出水面，团队就可以开始全面审查每项提议的利弊，同时主动避开集体思维、两极分化和不可告人的目的等陷阱。由于每个人都大致知道发生了什么，在项目进行的过程中也有机会讨论，因此很快就能嗅出别有用心的动机。采用上述方法，维尔福成功地在内部企业家对外部市场的强烈关注和后期对人群的智慧和控制之间取得了更好的平衡。

分配注意力

有效地分配领导团队稀缺的注意力，是一个试错学习的过程。我们的诊断性调查（在附录 A 中）发现，公司对其外部重大事件（如欺诈、歧视、贿赂或鲁莽行为）感到震惊的可能性比对其内部事件高出 50%。拥有全球影响力的大公司的报告称，他们每年对外部事件感到惊讶的次数超过两次。这些只是对意外事件发生频率的测量，而不是意外事件影响的大小。解析过去的意外事件发生的频率和类型，可以很好地开始一场富有成效的对话，讨论如何将团队的集体注意力分配到短视矩阵的四个单元格中（参见图 3.1）。除了数字错误之外，还应包括一些例子，因为这样做的目的是了解整个组织系统本身可能存在的缺陷。

经过分析后得出的每一个确定的、并且在之后进行了补救的原因，都有助于提升组织保持洞察的能力，并且始终在麻烦出现之前采取行动避免。矩阵中的各单元格都容易出现注意失误，如果更仔细地加以关注，这些失误原本可以避免。关键是要检查具有代表性的案例样本，并将他们视为信息丰富的历史压力测试。我们面临的挑战是如何审视那些最能暴露出系统性弱点的案例。下面是各单元格的一些非技术示例：

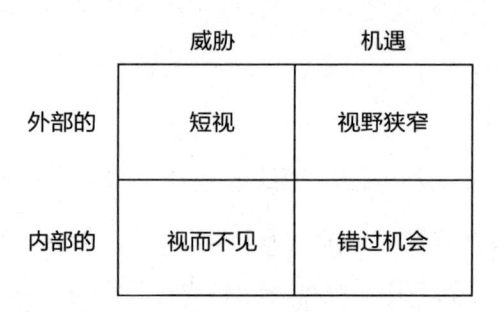

	威胁	机遇
外部的	短视	视野狭窄
内部的	视而不见	错过机会

图 3.1 短视矩阵

- 短视在一定程度上解释了美泰公司的芭比娃娃为什么丢掉了1/3的市场份额，这些市场份额被流行时尚的贝兹娃娃抢走。其中一个原因是，高层的驱动力来自财务方面。此外，美泰的组织结构阻碍了细分市场团队之间的信息共享。例如，男生玩偶肯（Ken）和芭比娃娃的研发团队之间几乎没有交流，等到美泰发现年龄较大的儿童对这两种玩具都已失去兴趣时，为时已晚。

- 狭隘的市场定义和对当前业务的过分强调，往往导致视野狭窄。包括卡夫亨氏（Kraft Heinz）在内的许多跨国食品公司都受到过这种情况的影响，而且对食品杂货店由包装食品转向生鲜（即出售新鲜蔬菜、水果和肉类）的反应过于迟缓。他们似乎还错过了向蓝围裙（Blue Apron）等膳食套件的转变，后者既方便，又能降低食品支出。这些症状暗示了一些更深层次的系统漏洞。

- 当我们意识到一些我们宁愿不知道的事情，因此选择忽略或无意识地压抑，就会视而不见。对内部威胁的普遍忽视，通常并不是因为它们是秘密的或者无法察觉的，而是因为领导者对它们视而不见。美国前国务卿乔治·舒尔茨（George Schulz）加入血液检测公司希拉诺斯（Theranos）的董事会时，为自己的孙子在那里谋了一份工作。但是，当他的孙子后来向他透露，希拉诺斯的微型血液检测技术和声称自身能做的事情大多是谎言时，舒尔茨这位经验丰富的领导人拒绝相信孙子的话。他在推动希拉诺斯公司发展方面发挥了关键作用，为其筹集了数亿美元资金。2014年，他每周都与公司CEO伊丽莎白·霍姆斯（Elizabeth Holmes）会面。来自孙子的警告对他来说显然是毁灭性的，他成了故意视而不见的受害者，从未调查过这种血液检测技术究竟是真还是假。到最后，希拉诺斯公司崩盘，从价值数十亿美元到破产，而且涉诉案件堆积如山，许多人的职业生涯被毁。

- 当组织狭隘地集中其内部注意力，而没有足够的松弛来探索外围的机会时，就可能错过机会。沃尔玛通过将削减成本作为其战略的核心而繁荣了多年。然而，只有当该公司将环境可持续性作为其主要优先事项时，才发现环保意识实际上可以大幅降低成本。为什么一开始错过了这些机会呢？尽管晚些发现总是胜过没有发现，但沃尔玛对节约成本的强烈关注，让他们迟迟没有意识到一个反直觉的发现：具有社会意识，也有助于提高效率。

短视矩阵这种固有的简单性，使之成为战略对话的有益出发点。在直观层面，这些类别很熟悉，非常容易掌握。对威胁与机会的区分尤其如此。但在实践中，两者更像是趋势而非绝对，因为这个维度是一个连续体。威胁具有消极的含义，我们预料它会带来损失，导致没有收获，而且，如果忽视威胁，有可能会造成麻烦。将过去的意外或未来的问题判断为威胁，会造成失控的感觉，因为其他人正在施加限制。机会的标签则强调了好处（从概率和收益的角度），但也有可能面临这样的风险：我们掩盖或忽略了它不利的一面。

判断过去的意外事件究竟是源于内部因素还是外部因素，也取决于人们的认知和框架。有些情况显然是外部的——例如，政府正在引入一项新的立法（与你的公司没有任何关系）。同样，一项新兴技术也许在与你的公司截然不同的环境中取得进展，如早期的互联网、亚马逊或者其他的主要颠覆者正在进行的创新。相反，在某些情况下，问题的根源显然是内部的，如员工或经理不恰当地对待其他员工的欺诈行为。还有许多情况更为混杂。例如，网络黑客攻击是一种普遍存在的外部威胁，但如果你的防火墙被黑客攻破了，那么媒体或董事会可能认为这是内部故障。

即使触发事件明显是外部的，但随着时间的推移，问题的发展方式也会带来不确定性。假设一名外部供应商向你公司的某一名员工发出信号，表示如果该员工将你公司的更多业务交给他来做，他会表示欢迎，而且会让员工觉得值得这么去做。如此一来，这里也许就存在不当行为了，也就是贿赂和回扣，这些显然是外部行为，但在发生这种情况的最初，只有一名内部员工知道。如果这名员工中了供应商的圈套，存在非法勾当的行为，同时，如果其他员工卷入其中而没有任何人检举，那么记者或法官可能将该问题视为内部问题，而忽略了诱发事件是在组织外部的事实。

为了避免过去不愉快的意外事件再度发生，应该找到如何更好分配集体注意力的一个起点，因为它容易受到两个问题的影响。首先也是最重要的问题是，最近的创伤将以其他挑战为代价主导人们的注意力。例如，富国银行在爆出虚假账户丑闻后，首先专注于修复有漏洞的销售团队的文化，然后转向重建信任，这是可以理解的。但是，这些正在进行的变革很可能只会让它看起来和其他银行一样，并且可能危及该银行恢复到以前增长道路上的能力。将沉重的打击转化为机遇从来都不容易，但几乎任何的危机都为文化、商业模式和竞争举措的巨大变革打开了大门。富国银行和其他遭遇丑闻或渎职的银行不应忽视这一点。

其次,人们通过一厢情愿的观念或听命于命运的想法来应对未来的威胁,这两种方式都限制了他们探索信息和考虑的解决方案的数量。相比之下,将某个问题定义为机会,将使得人们更加开放地搜索信息,更加明确地评估各种选择。问题的标签和描述方式会极大地影响人们的注意力。研究表明,经理们一般将战略问题视为威胁,除非确实有不可忽视的证据表明他们绝不能这么看待战略问题。因此,提出把所有问题都看作是机遇的建议(对前瞻性的经理来说,这是很自然的事),远比遵循这样的建议容易得多。

领导挑战

在数字增强的冲击波中航行的领导团队,必须面对组织注意力本身就难以处理的特性,通过对话、任务分配、激励、培训和对远见的投入等措施来重新引导人们的注意力。以下是指导团队的四条原则:

1. 利用现有的数字技术来测量组织注意力的高低

例如,通过分析公司与工作相关的电子邮件,并且适当地匿名化,领导者可以追踪正在组织中流行的问题。旅游行业广泛使用这种文本分析方法来评估消费者情绪，或者政治界使用这种方法较早地察觉政治候选人吸引力的变化。情绪分析软件可以处理大量的数据，从流行媒体上发布的关于个人事务的所有数据，到电子邮件、内部网络内容或其他企业通信格式。然而，许多人会对这种"老大哥"式的入侵行为望而却步，即使这种搜索是匿名的。正如欧洲新颁布的《通用数据保护法案》（*General Data Protection Legislation*）反映的那样，人们越发关注在使用数字技术时如何保护隐私。显然，公司的法律权利和合理的经济担忧，需要更好地对照个人权利和社会规范来予以平衡。

2. 认识到先验知识造就了公司内部新知识的创造

新的信息只有与现有技术相结合才能创造价值。公司的现有知识库越是丰富，捕捉某个主题的新信息的筛选就会越精细。如果领导者觉得应该更多地关注客户服务、遵守法规或者采用一些有前景的新技术，就得在这些领域培训人员。这反过来将提高公司在这些领域的吸收能力，并且吸引公司的注意力。正如路易·巴斯德（Louis Pasteur）指出的那样，机会只青睐有准备的头脑，而各种各样的方法——如情景规划、搜索练习和作战模拟——可以帮助公司从"头脑"上做好准备，使之变得更幸运或更聪明。

3. 尽管专注的注意力对理解新信息至关重要，但过多的注意力会适得其反

专注于某个领域的代价是缩小了对其他地方正在发生的事情的外围视野。为了避免闯红灯，领导者必须创造一定程度的松弛，以便在公司的视野之外进行探索。领导者应鼓励员工对与当前关注点无关的话题产生好奇心。他们可以创建任务小组来对抗组织中普遍存在的焦点领域，如组成一个"红队"来挑战某一新战略是否真的会成功。红队扮演忠诚的对手角色，定期检查蓝队的假设和进展，蓝队负责执行战略。这样做的好处是可以更快地收集信息和追踪进度，在必要时有足够的时间进行中游调整，或者完全终止项目。

4. 鼓励经理们培养"第三只眼睛"，帮助他们注意到隐藏的线索或重要的"软信号"

在与客户或外部合作伙伴会面时，领导者应当尽可能多地注意哪些话没说，哪些话有言外之意。小说里的侦探夏洛克·福尔摩斯（Sherlock Holmes）在调查驯马师谋杀案时就采用了这一原则，他从对当地一名警官的问话中了解到一件怪事：有只狗在夜间不叫。福尔摩斯从这个被忽视的线索中推断出那只狗可能认识被害人。一个没能发现数据丢失的更糟糕的例子是挑战者号（the Challenger）爆炸事件。1986年，在挑战者号计划发射的前一天晚上，美国航空航天局（NASA）检查了航天飞机之前的飞行数据图表。有人担心低温可能会导致O形环密封圈失效，但NASA的图表显示，过去的O形环损坏与环境温度之间没有关联。令人悲伤的是，这张图表没有包括O形环零损坏的飞行次数，而O形环零损坏与飞行次数之间本应明确地建立联系。发射继续，73秒后，航天飞机在半空中爆炸，机上人员全部遇难。

在现实生活中解决问题时，往往很难注意到遗漏了什么，但训练统计推理、察觉确认偏误以及检查过去的案例，都能有所帮助。例如，NASA的案例涉及一个常见的错误，即只看可用数据的子集，就像医生诊断一种新疾病时只看了生病的人，而不与健康状况较好的类似病人进行比较。如今，NASA在内部培训中认识到这一经典错误，并予以纠正，以求吸取教训，而且这一惨痛教训也成为众多高管培训项目的一部分。深入了解由于认知、情感和社会因素而导致的决策偏差，对管理组织中的注意力至关重要，这将是下一章的主题。

第 4 章

更早地察觉微弱信号

> 判断一个人,要看他提出的问题而不是给出的回答。
>
> ——伏尔泰(Voltaire)[①]

现代决策变得复杂,因为有用的信号与干扰的噪声的比例不断下降,导致信息过载、分散和混乱的现象日益普遍。在极端情况下,领导团队可能陷入瘫痪,不采取行动,全都(像鸵鸟那样)把头埋在沙子里。事实是,我们所有人都会在某些时候错过重要的信号。两个选择可以激活我们的感知能力:在哪里看(范围界定)和如何看(四处搜索)。我们面临的挑战是,要灵活地平衡狭窄的焦点与我们周围不断变化的外围环境,但是,要做到这一点,并没有哪种方法是唯一正确的。医疗体系在尝试理解新的数字商业模式时需要的方法,与一家跨国糖果公司需要的方法是截然不同的。尽管如此,我们发现,声音感知的深层原理适用范围很广。

[①] 通常认为是伏尔泰(1694 ~ 1778)所说的话,伏尔泰的本名是弗朗索瓦—马利·阿鲁埃(François-Marie Arouet)。最初的说法是:"对一个人的想法,从他的问题而不是他的答案更容易判断。"

从更好地界定范围开始

如今,大多数行业都容易出现信号过载和混乱的现象,新技术的破坏性影响加剧了这种情况,即使是看似稳定的巧克力糖果行业也不能幸免。今天,全球每年在巧克力上的花费高达750亿美元。然而,许多大公司,包括玛氏(Mars)、好时(Hershey)、吉百利(Cadbury)和雀巢(Nestlé)等,都错过了相关信号。玛氏和箭牌(Wrigley)的合并,令一家欧洲巧克力制造商措手不及;另一家公司未能针对消费者的饮食和购买行为的变化开发新的营销活动;有几家公司采用数字媒体来监控产品流和消费者购买模式的变化,并使用这些数据更新包装;还有一些公司未能细分市场,以开发针对不同生活方式人群的新产品。

为了说明领导团队在这个特定行业中必须考虑的问题的多样性,图4.1展示了隐藏在大众市场巧克力生产外围的不确定性的样本。这些不确定性,从技术创新到环境或政治问题,几乎都有所涉及。例如,土耳其是世界上主要的榛子生产国,榛子是巧克力棒中一种很受欢迎的添加剂,但由于土耳其国内的动荡以及该国与叙利亚和伊拉克暴力冲突的地理位置接近,因此其供应来源面临着风险。

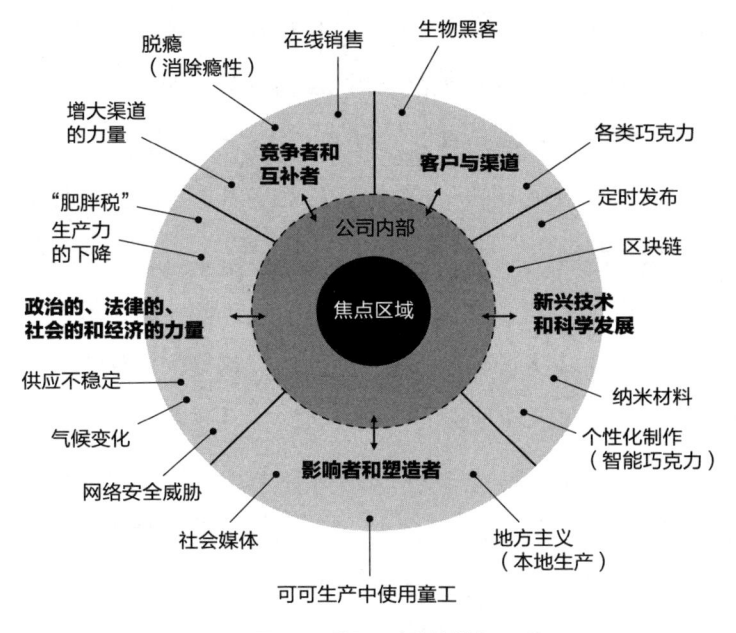

图 4.1 中标注的外围不确定性样本中各要素如下：

- **竞争者和互补者**：脱瘾（消除瘾性）、在线销售、增大渠道的力量
- **客户与渠道**：生物黑客、各类巧克力、定时发布
- **新兴技术和科学发展**：区块链、纳米材料、个性化制作（智能巧克力）
- **影响者和塑造者**：地方主义（本地生产）、可可生产中使用童工、社会媒体
- **政治的、法律的、社会的和经济的力量**："肥胖税"生产力的下降、供应不稳定、气候变化、网络安全威胁
- **公司内部**：焦点区域

图 4.1　外围不确定性样本

图 4.1 中用加粗字体标出的五个区域中，每个区域都在不断地发出微弱信号，巧克力制造商需要追踪这些信号，同时对来自组织内部的任何令人担忧的信号保持警觉。在数码时代和微弱信号放大的时代，每一个来源都可能产生信号，而信号之多，很快就会让组织感到不知所措，无从吸收它们。

界定范围的艺术需要确定哪些来源值得我们更加密切地关注。选择正确的范围，与其说与知识有关，不如说是与好奇心和相关性有关。界定范围不在于知道答案，而在于提出正确的问题，揭示当前知识的局限。这也意味着让组织对那些仍然

第 4 章　更早地察觉微弱信号　　79

不为人知的问题更加敏感。本着这种精神，谷歌联合创始人拉里·佩奇（Larry Page）向他的团队发起挑战，要求他们预测未来，不仅要问"什么是真的"或者"什么有可能是真的"，还要问"什么或许是真的"，即使答案完全出乎意料。这种引导性的问题是开展界定范围对话的有效方式。

一方面，大多数经理都非常擅长询问和回答有关偏离预算、每周销量以及成本差异等重点问题。这些问题通常有着很强的常规性，显示在指标的"仪表板"上，受到经理们的密切关注。另一方面，引导性问题是用来探究重点问题可能遗漏的部分，可分为三类：从过去中学习、询问当前和预测未来。

帮助你从过去学习的问题

过去也许并不是预测将来的良好指示符，但它可以揭示一直存在的盲点。其中一个最引人注目的引导性问题是："我们过去的盲点是什么？"回顾第 2 章，一家诊断公司通过对较早和太晚发现的威胁和机遇进行分类，找出了自身的系统性盲点。在发现这些漏洞后，我们与该公司的领导团队合作，寻找解释它们的模式，从而揭露了系统漏洞。然后，我们将诊断调查进一步扩展，以包含内部的威胁与机遇。

我们也可以通过以下问题来收集有用的经验："是否其他

行业或地区有一些有益的类比或先驱？"带着这个问题，一家纳米技术公司开始仔细研究欧洲的转基因生物（genetically modified organisms，GMO）引发的争议（还记得弗兰肯食品恐慌吗？），以寻找可能表明公众会抵制的指示信号。转基因生物和纳米技术有一些令人担忧的相似之处：人们认为两者都对健康有害；两者都由不知名的全球性公司开发，其动机常常受到怀疑。在这两种情况下，公众很容易想象到各种危害，而预期的好处大多是间接的。这样的类比，使得领导者能够通过更广阔的视角来看待自己的处境。

同样，来自其他市场的先兆也可能敲响警钟，或者其他市场的早期信号表明这是一个难得的机遇。例如，一家从事包装技术的洞察型公司在日本市场设立了"前哨"，以监测可能首次浮现的创新。所谓"前哨"，是指充当母公司的"眼睛"和"耳朵"的个人或团体，以帮助母公司更快地看到重要的发展。例如，宝洁公司（Procter and Gamble，P&G）在欧洲保留了由一些退休高管兼职的职位，以便这些人定期报告个人或企业品牌产品的重要发展情况。对宝洁而言，这是其"连接与发展"创新方法的一部分，多年前，正是这种方法助其成功推出了一款旋转牙刷。

其他富有见地的引导性问题包括："在我们这个行业中，谁一贯比别人更早预见、更快行动？"和"他们的秘诀是什么?"这些问题可能揭示可采用的最佳实践,以提高你自身的洞察力。这个阶段的提问(询问过去),充其量是减少弱点的一个起点。但是,提高洞察力,需要的不仅仅是沉湎于过去。

询问当前的问题

有时,信号就浮现在领导团队面前,但几乎没有人注意到。人们有一种强大的倾向,就是过滤掉危险信号,假装一切都好。事实上,我们越聪明,就越善于为迫在眉睫的问题找借口。我们发现,大多数意外事件都有其前因后果,而且通常以异常的形式出现,也就是说,它似乎是偏离正轨或出乎意料的东西。也许竞争对手正在招聘不同类型的人才,也许客户在抱怨劳动力供应紧张,抑或出现了降价的交易传闻。正如我们在第1章中描述的那样,艾伦·穆拉利试图挑战福特领导团队的狭隘和脆弱心态,其核心就是关注这些异常。

大多数组织都有一些真正在思考方式上不落窠臼的人,我们可以从这些特立独行者和"异类"身上学到很多东西。然而,著名的偏执狂安迪·格鲁夫发现,英特尔内部大多数特立独行者难以向领导解释他们内心的担忧和感受,因而公司常常忽视了他们的见解。除了鼓励特立独行者发声外,洞察型组织还会认真听取不同层次员工的意见,并激励大家对不同观点持开放态度。这有助于他们发现机遇,并且在问题爆发之前找准那些有可能恶化的问题。这些努力远远不是设置建议箱那么简单,还包括定期会议、正式表彰以及对在考虑报告的信号时所发生情况的反馈。

另一个丰富的引导性问题来源可能是不满意的客户——特别是那些"叛逃"到另一家公司的客户。对销售失地报告和竞争对手赢得合同的事后分析能够揭示问题,但只有那些着重分析原因的人们才会愿意深入挖掘并分享他们的学习成果。大多数公司通过监控博客、社交媒体网站和聊天室来迅速采取补救措施,但也有一些公司进一步揭露异常、例外、不满和无休止的抱怨。宝洁公司在推出风倍清(Febreze)之后就这么做了,这是一款喷雾类产品,可以消除家居和织物散发的令人不快的气味。聊天室里有传言称,风倍清有可能杀死金丝雀或其他宠物鸟类。因为宝洁对其品牌可能受到的损害非常敏感,也十分警觉,于是迅速收集这些谣言,请求进行独立调查,然后成功地进行反击。

洞察型公司对客户行为与需求的变化格外警惕。着眼现在而寻找未来线索的一个强大办法是寻找边缘案例——它们是可能成为主要机遇或威胁趋势的早期迹象。例如,有家公司询问:"哪些新的工作岗位是2018年之前不存在的?"答案包括室内作业的农民、合成组织工程师以及虚拟时装设计师。该团队可以大致推断出这些招聘信息的性质，并确定是否应该进行趋势观察。但其他一些刚刚浮出水面的工作岗位，如机器牧马人，则超出了大多数经理的经验基础，需要进行更深入的调查。

预测未来的问题

通过情景构建，可以极大地帮助构思关于长期的引导性问题。所谓情景构建是对未来的不同叙述，反映了当今环境的不确定性以及它们在未来几年或许会怎样发挥作用。这种方法旨在通过提供更广泛的背景，使未来更加突出，与现在的联系更加紧密，从而放大有可能重要的微弱信号。如果不同的情景突出了某个特定的微弱信号，组织就不太可能过滤掉它。为了理解未来可能出现的意外事件的全部影响，领导团队应当确保至少构建一个不可想象的——或者至少难以置信的——情景。这是可能的未来，大多数经理认为几乎不可能出现，以至于没有予以认真关注——例如，你的公司就像安达信（Andersen）和安然那样在未来十年消亡了。通过明确地考虑不可想象的可能性，比如关键领导人入狱（安然）或商业模式过时（柯达或诺基亚），迫使领导团队认识到，同样的信号可以用多种方式来解读。如果没有这种令人震惊的干预，集体思维往往会强行将微弱的刺激纳入主流思维模式，并且避开不舒服的或禁忌的话题。

　　这种方法是前一章中提到的军队使用的"红队"演习的一种变体，内部团队在一个虚构的竞争公司中扮演关键决策者的角色。在这种模拟中，他们可以更有创造性地对可能发生的战略变化做出反应，或者推测自己作为竞争对手也许会采取的行动。红队还可以用来检测新的战略计划中的弱点，如推出新产品或整合合并。不管怎样，都要求领导团队系统地收集可能不成功的任何信号，从而允许及时采取纠正行动。

　　关于未来的富有想象力的引导性问题可能包括以下内容：哪些意外（或惊喜）可能真正伤害（或帮助）我们？未来是否还会有与近几十年发生的事件同样影响巨大的意外事件发生？例如，在金融服务领域，未来也许会有某家出乎意料的企业诞生，就像贝宝（PayPal）或苹果支付（Apple Pay）那样大规模的企业；或者，未来也许会有意想不到的监管措施像大衰退后出台的各种监管规定那样影响巨大。

　　领导者也可以想象理想的未来，然后逆向工作，设想实现这个未来必须要经历的变化。沃顿商学院已故著名教授拉塞尔·阿克夫（Russell Ackoff）后来被称为系统思维的系主任，他把这种设计称为"理想化设计"（idealized design）。这种方法要求领导团队创建一个基于未来远景的组织设计，忽略当前的障碍或约束。例如，与我们合作的一家全球广告公司想象未来设立一个营销部门，该部门将充分利用新兴的数字技术。CMO（首席营销官）或CCO（首席商务官）的角色将如何改变？在哪里做出关于营销媒体的决策？如何做出？营销团队怎样组织一系列的合作伙伴来实施这些决策？这些问题将引发更深层次的问题，促使领导者做好应对意外变化的早期预警的准备。

望远镜和显微镜

在某些情况下，正确的观察工具将是望远镜，用来察看广阔的地平线；另一些时候，适当的观察工具是显微镜，它更适合详细检查小部分地形。一旦洞察型领导团队清楚其引导性的问题，就更容易选择正确的范围。这需要进行更深入的分析，这种深入分析可以得到诸如顾问等第三方的支持。第三方有时作为营销或战略小组的额外责任来进行这种分析，有时通过成立特别工作组来处理复杂问题。例如，通用电气（General Electric）的高级医疗保健集团成立了一个工作组，负责处理有关印度医疗保健行业新机遇的一系列微弱信号。这些信号表明了一些非线性变化，包括医生和医院床位短缺；不断增长的未得到满足的医疗需求；医疗保险行业欠发达，但也有良好的数字连接。该工作组的任务是阐明一些可能值得更多关注的领域，这些领域是通用电气在印度重要的潜在机遇。

借助一个持续的过程，范围的界定将引导组织的优先事项和好奇心。这样一来，每个类别的问题都必须不断地审查、刷新和更新，从搜索过程中收集到新的见解。根据我们的经验，大多数经理都被动地进行搜索，只是将触角竖起来，接收与行业直接相关的各种信号，从交易传闻、技术预测到业绩指标。这种方法的危险在于，收集到的数据大多来自熟悉的来源，可能在数量上多得数不清，而且很大程度上可以解释为强化而不是质疑流行的信念。

另外，积极的搜索反映了领导者对更大的不确定性的好奇，并且受到创造性假设的驱动，这些假设为迄今为止收集到的初步证据提供了新的线索。例如，一家汽车保险公司发现，其客户比过去更频繁地放弃续保，但后来又作为客户回来了。显然他们对保险公司的定价政策并无不满，那么还有什么其他原因可以解释这种行为呢？一个令人不安的假设是，市场正变得"无摩擦"，探索替代供应商的转换成本很低。一个令人看到更大希望的假设是，也许保险公司有机会出售带有时间限制的、面向活动的保单，使客户能够轻松地转换保单。该公司通过进一步的探索，验证了后面这个假设。

积极搜索的最佳形式接近于科学方法，也就是从以当前数据为基础的多个假设开始。然后产生更多有针对性的数据，接着是敏锐地观察，进而猜测和测试，直到收集了关于领导者可采取的行动的更深入见解。接下来的四节将讨论强大的搜索实践的原则。

鼓励发散思维

建设性的辩论和发散性的思考能够产生更深入见解，并且帮助解决困扰大多数组织的广泛分布的智慧问题。要做好这一点，意味着积极鼓励不同的甚至相互矛盾的投入，以确保揭示各方面的问题。当领导团队对某些情况或意外事件感到震惊时，公司内部通常有人知道这件事，但没有提出意见。拥有3 300多家分店的快餐连锁店阿贝兹集团（Arby's）为了促进多样性，鼓励各部门持相反观点，其CEO有意识地让自己周围的同事来自不同的种族和地理位置，而且个性风格各不相同。她说："你真的不需要另一个和你一模一样的人，另一个你自己。"

与鼓励多样化思维相对的是，领导者会在共享观点的诱惑下团结起来，屈从于群体思维。亚马逊的杰夫·贝佐斯谴责这样的"社会凝聚"，称其为"人们喜欢彼此意见一致，并认为达成共识很舒服，这是一种令人腻烦的倾向"。相反，贝佐斯培养了一种文化，在其中，领导者可以质疑他们不同意的观点，即使这么做会让人不舒服或感到疲惫。世界上最成功的对冲基金之一桥水基金创始人兼CEO瑞·达利欧（Ray Dalio）将这种理念发挥到了极致。他甚至在自己的著作《原则：生活和工作》（*Principles: Life and Work*）之中将其奉为圭臬，并将"彻底的透明"作为各个优先事项清单的第一条。然而，这说起来容易做起来难，原因在于，如果一些参与者感到不舒服或被冒犯，那么极其坦诚的辩论的好处也可能很快就消失了。这种深入的对话需要相互信任和尊重，需要"心心相印"，才能达成真正的共识。它可能得通过订立信任的契约来弥合分歧。

由外及内地思考

洞察型公司更善于走出公司的边界，从客户和竞争对手的角度来看待市场并提出关键问题：我们的客户是怎么变化的？他们有些什么新的需求？我们将如何满足他们？未来我们会和什么人竞争？从市场可能性的广阔视角出发，然后寻求深入的市场洞察，以检验有关这些可能性的假设，这种逻辑很有说服力。然而，这样的观点经常招致反对，反对者赞成从内部开始思考，因为销售人员总是最接近市场，研发人员知道所有技术的可能性，而领导者最了解业务。史蒂夫·乔布斯（Steve Jobs）认为："很多时候，人们并不知道他们想要什么，直到你展示给他们看。"虽然乔布斯也许没有进行过正式的市场调查，但他专注于完整的用户体验，并以一种极其昂贵的设计过程来支持自己的直觉，在这种设计过程中，他不断寻求用户的反馈。同时他也是业界盛行的工程文化的完美平衡者，这种文化重视技术的魔力，而不是重视易用性、美学思维和漂亮的或聪明的设计。

由内及外地思考的危险在于，资源存在的前提是要得到使用，而管理者的任务是充分利用它们。优秀的服务运营和强大的供应链等优质资源创造了需要时间才能确立的优势，但也限制了企业的适应能力。通过聚焦于内部资源和技能并以此作为起点，战略性的对话过早地缩小了焦点范围并且固定下来了。使用 SWOT 分析法[①] 会加剧这个问题，这种方法专注于了解当前的优势和劣势以及机会和威胁。正如第 3 章中指出的那样，威胁或机会这类标签的使用——这是商业语言中常见的概念，而且很难被摒弃——隐含地假设，现状只是相关的参考点。这可能确实是一个有效的基准，但从外部到内部的观念会倾向于更加中性的标签，如值得关注的问题或发展趋势。这避免了预先判断这些因素是好是坏并陷入对威胁的自我实现预言中。

[①] SWOT 分析是指基于内外部竞争环境和竞争条件下的态势分析，就是将与研究对象密切相关的各种主要内部优势、劣势和外部的机会和威胁等，通过调查列举出来，并依照矩阵形式排列，然后用系统分析的思想，把各种因素相互匹配起来加以分析，从中得出一系列相应的结论，而结论通常带有一定的决策性。——译者注

放大重要的信号

积极的搜索往往暴露出更多迫在眉睫的威胁或潜在机会的信号，由于组织远远无法消化这些信号，从而导致注意力缺乏（如第 3 章讨论的那样）。因此，最初的发散思维阶段必须通过系统地放大、澄清，然后汇聚到最重要的信号上。这里有几种有效的方法来帮助过滤噪声，以揭示需要进一步关注的信号。

1. 利用群体的智慧

研究表明，大型团体或群体的集体判断往往比个别专家的判断更准确。这里的基本观点是：一个群体可以比其中最聪明的人更聪明。原因之一是，组织中的个人只拥有部分的信息，因此容易出错。只要这个错误在团体中是随机分布的，那么取平均值就可以很大程度抵消噪声，更好地揭示信号。然而，如果人们的错误是相互关联的，那就无法起作用了。也就是说，如果群体思维或其他一些集体盲点的出现会将每个人都指向错误的方向，那就会发生这种"错误相互关联"的情况。最聪明的群体是最多样化的群体，因此，人们的观点并不是十分正相关。为了获得群体智慧的全部好处，要试着在群体中增加一些人，这些人的经验、人脉和观点实际上与他们加入的团队整体呈负相关。如果通过聊天室、电子邮件或视频会议等数字化方式将群体联系起来，组织就可以收集一切信息，从关于内部创新机会的分散情报，到对竞争举措或新兴技术平台威胁的判断。重要的是，只有提出好的引导性问题，才能充分发挥集体智慧的潜力。此外，领导层必须完全支持，群体才能成为一个有效的知识市场。

2. 运用扩展的关系网络

所有组织都嵌在各种各样的关系网络之中，这些网络将他们与合作伙伴、供应商、分销商、研究人员和顾问联系起来。网络的关系使组织有机会扩大他们的传感系统的覆盖范围——尽管也存在信息过载的公司吸收微弱信号的风险。越来越多的组织正采用一种开放系统的方法，这极大地扩展了其生态系统连接节点的数量。

利丰集团（Li & Fung）就是一个例子，该公司每年在服装、玩具和其他组装产品上的销售额超过 80 亿美元。类似地，苹果公司连接了超过 100 万家软件开发商、数千家配件制造商和无数家内容供应商，每家供应商都有一个能够接收微弱信号的"传感器"。例如，可以将供应链重新用于收集有关行业动态、竞争对手行为或者即将发生的供应短缺的情报。稍后我们将讨论如何使用组织战略雷达吸收和解释过多的微弱信号，这种雷达结合了情景规划、业务分析和仪表板方法进行持续监控，目的是利用数字技术的力量来吸收它们共同产生的微弱信号。

3. 进行连续过滤

如何精简通过积极搜索浮现出来的潜在增长机会，以便将资源集中在最好的赌注之上？这是对来自所有领域的威胁和机会的微弱信号提出的同样的过滤问题。这里的不同之处在于，过滤机会的方法是进一步优化的，依次运用逐步严密的过滤，起初是松弛的（当不确定性很高，但相对较少的资源受到威胁时），进而是更加精密的（当情况逆转时）。

第一次过滤包括举办一场"创新竞赛"来定义各种各样的机会，利用知情的内部人士来完善和评估增长机会的名册。这么做是为了深入地、广泛地扎根组织内部，寻找那些在其他情况下仍处于休眠状态的点子。邀请参与者提出任何他们想要的建议——包括疯狂的点子：进入创新漏斗的点子越多，在另一端出现有价值的东西的机会就越大。除了对所有自下而上的点子进行评分和过滤之外，团队还可以对点子进行分析、讨论和重组，使之变得更强大。创新竞赛可在网上进行，也可以采用召开 1～2 天研讨会的形式进行，以鼓励开展激烈的对话。

与普遍的观点相反，在制造创新的机会方面，人们在独自工作时往往比他们在团队中进行头脑风暴的时候更富成效。为什么？因为当一次只能由一个人说的时候，便制造了阻碍创新的瓶颈，同时，也因为群体思维等团体动力抑制了创意的流动。

接下来过滤的对象是从创新竞赛中提取和提炼出来的点子，团队让它们通过一个全面的筛选工具来识别错误的假设、知识差距和潜在的风险。对这个筛选工具，每次只给它提供一个点子来筛选。这通常是一种连续的得分筛选，包含了不断详细和准确的关键方面的发展和进步。在这个过滤阶段，自然而然的问题包括：它以前在别的地方试用过吗？在此过程中，执行面临的挑战、成本和收益是什么？初步试验要花多长时间？谁会支持这个想法？对机会的累积学习，需要大量的投入，以避免在考虑不周的追求机会过程中失去更大的、也许是不可逆的投入。

从三个不同角度组成多重视角

文艺复兴时期的艺术家和发明家达·芬奇（Leonardo da Vinci）强调，从至少三个不同角度看待事物是有好处的。就像GPS使用三个坐标将你定位在地图上一样，管理者也应使用多种询问方法来澄清模糊的信号，然后深入探究，以了解更多有希望的模式。采用这种方法的一种方式是从外部专家或顾问那里获取观点，如未来研究所（Institute for the Future）——该机构提供有组织的研讨会，帮助像易趣（ebay）和德国汉莎航空（Lufthansa）这样的多样化公司的领导者三角定位微弱信号，并设想可能出现的不同的未来。总部位于硅谷的未来研究所召集了一些专家，如区块链未来实验室（Blockchain Futures Lab），以研究从现在开始的十年后由区块链驱动的世界的样子。

1. 没有哪种单一的方法可以做到这一切

任何特定的方法都有其独特的局限性，领导者需要探索多种方法。经理们经常使用以前的经验或案例来理解像区块链这样的新兴技术可能如何发展。但这些过去的类比很少能反映全貌，因为两种情况不具备完全的可比性。例如，有些人可能认为创新类似于种植花园，因为两者都需要播种、营养、修剪和虫害控制；其他人也许认为创新更像是一场扑克游戏，因为两者都涉及金钱、信息不对称、策略（也许包括虚张声势），而且在零和博弈中，知道什么时候认输至关重要。这两个隐喻（园艺和扑克）虽然涵盖了创新的许多方面，但仍未能抓住其他相关的方面，如发明和团队合作的作用，或者裁判员的影响以及规则的改变。

因此，让我们将对多种方法的需求应用到区块链的未来中，这些方法"将法律原则、数学、博弈论、密码学、货币政策和计算机科学整合到一个开源软件平台中"。基于区块链的平台与基于互联网的平台的区别在于：区块链允许"一个人只向另一个人发送比特币或其他加密安全的数字资产"，这是主要的区别。互联网本质上是一台虚拟的复印机，创造了丰富的数字；根据合同，区块链是关于创造数字稀缺性的。区块链不需要复制你的手稿文件并与其他许多人同时共享，而是允许你"向每个人发送一个与特定手稿文件相链接的访问令牌。只有令牌持有人才可以访问相关的手稿版本。持有人可以转让代币，你可以追踪它的所有人"。

尽管如此，人们将互联网视为探索区块链未来的自然类比也是可以理解的，因为它们都受益于网络效应。此外，区块链允许不必相互信任的人们以相对安全、保险和自主的方式进行合作，这比互联网所允许的要多得多。因此，互联网的类比在预测区块链的未来方面有各种局限性，还需要其他类比，如虚拟现实或者基因编辑等生物学类比。进行这些类比的目的除了揭示区块链的关键差异之外，还揭示其他独有的特征，以便将各种不同的类比结合起来，为这项新技术的未来增加更多的洞察力。这种更深层次的理解有助于预见区块链在发布等其他领域的新应用。由于区块链能够识别是何人在何时收到、修改或发布文件，因此它将为出版、专利、新闻、艺术和其他领域提供更好的数字版权管理解决方案。

2. 探索多样化的角度

进行三角定位时，关键是要让不同的观点——甚至是相反的观点——浮出水面。与"群体智慧"方法一样，多样化角度的力量在于汇集不同的观点，消除随机的噪音，放大存在的任何智慧。预测比赛是另一种汇集专家意见的方法。在比赛中，参赛队伍研发自己的预测方法。比赛方要求每个团队对一些关键事件做出主观的概率判断，然后根据以往的记录和信心水平对这些判断进行平均或不同的加权。即使专家对某些事件发生的概率有很高的共识，但小组的平均猜测也许并不是最好的估计。

探索模糊的问题，就是要从不同角度看待复杂问题。内部关系密切的团队成员也许能够相互让对方放心，但这也可能会引起团队功能失调的群体思维。研究表明，有外人参与的不那么死板的团队通常可以在许多领域大大提高团队的智商，当公司使用反馈机制（如德尔菲投票法）来挖掘组织的集体智慧时尤其如此。德尔菲法首先由专家给出他们的个人意见（匿名或署名），然后小组对每个观点进行辩论，专家提供另一轮预测或评估。这个过程一直持续到没有人做出进一步的调整，这时就会取（加权）平均值。

创建匿名的"意见市场"是避免集体短视的另一种方法。例如，惠普公司（Hewlett-Packard）要求员工参与一个新创建的意见市场，以预测销售情况。员工可以在午餐时间或晚上在家时在这个市场上下注，通过下注来揭示他们对市场走向的看法。其结果是：这些预测在75%的时间里胜过了传统公司的预测。

3. 准确判断潜伏的危机

洞察型组织不仅审视外部环境，还积极地从内部环境中寻找信号——这是有充分理由的。危机管理研究所（Institute for Crisis Management, ICM）追踪引发事故、劳资纠纷、工作场所暴力、歧视、性骚扰等不良后果的商业负面新闻。许多新闻都关系到一些内部威胁，而管理层发现这些威胁的时候已经太晚了。事实上，管理不善是引发危机的主要原因，占2017年危机总数的27%。"潜伏的危机"可能发出早期预警信号，占当年新闻报道的危机总数的71%。就像我们在第1章中看到的，这对组织来说代价是非常昂贵的，其中包括大众汽车和富国银行等负面案例。

为回应我们的建议，危机管理研究所建议审查过去的案例，探索组织在未来危机面前的脆弱性，并从竞争对手和同行的错误中汲取教训。还建议在危机发生前，通过清晰的沟通、透明的操作和诚实的交流，与主要利益相关者群体建立一个"善意银行"，因为你的公司也许在社交媒体上被人们通过病毒式传播的视频加以负面报道。与利益相关者建立友好关系需要不同的员工参与，包括制定好何时、何地以及如何与关键盟友——或许还有批评者——保持联系的计划。与媒体制作人、社区领袖、分析人士和民意调查专家建立关系，可在危机爆发时起到帮助作用。所有这一切的关键是清晰和诚实的交流与沟通，必要时承认错误，避免逃避或掩盖。

离别的指导

人们通常不会根据问题的质量来评判领导者，我们也不会设计教育系统或高管发展项目来培养这种关键能力。然而，当环境变化迅速、不确定性无处不在时，那些能够提出最好问题的人将获得回报。然而，具有强烈好奇心的领导者需要在有限的可用资源中小心地平衡他们的愿望——想要得到关键引导问题的答案。以下四条实用原则可以确保传感与探测过程的平衡：

- 在大多数情况下，问题并不是缺乏数据，而是缺乏好的问题。经理们可能通过收集更多的信息来安慰自己，但除非他们拓宽自己的视野，否则也许无法很快地发现重要的机会与威胁。

- 以开放的心态积极地感知，加上定向假设和探索未知的旅程。积极地界定范围和搜索，不是一件一次性的或偶发的事情，而是一个必须持续的学习过程，采用广泛的方法并使整个组织参与进来。

- 当面对微弱的信号或模糊的数据时不要急于下结论；相反，应该产生多个假设并进一步探索。正如伏尔泰所说的那样："怀疑不是一种令人愉快的状态，但肯定是一种荒谬的状态。"有勇气的领导者会承认他们不知道所有的答案，然后带领他们的团队进入新的探索途径，并最终获得更深刻的见解。

- 一定要将组织发展感知作为一项重要的战略能力。从高层开始，要让他们按照第2章中介绍的洞察型领导团队的三个品质行事：培养好奇心，运用战略远见，培育一种发现的文化。

任何微弱信号的相关性——无论是微弱的警告还是含糊不清的警示—几乎没有什么时候是清晰的，因为它依赖于背景和更广泛的环境。例如，到目前为止，由于机器学习、深度神经网络的进步和数字数据可用性的指数级增长，大多数公司都对AI的可能性保持警觉。然而，对设计智能厨房设备的家电制造商和寻求与客户实时联系的拼车服务公司来说，这一拐点在AI领域的影响是截然不同的。要理解这种重要的背景差异，首先需要明智地感知，进而是及时地、灵活地决策，我们将在下一章讨论。

第 5 章

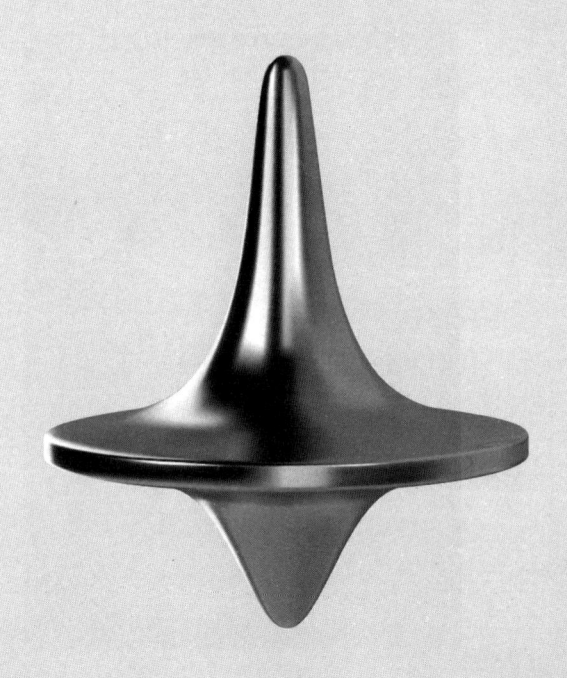

消除模糊

> 写作就像在晚上开车。虽然你只能看到你的车头灯，但你可以采用这种方式完成全部行程。
>
> ——埃德加·劳伦斯·多克托罗（E. L. Doctorow）

对今天的商业领袖来说，在微弱的信号下行事，如同多克托罗笔下的夜间驾驶。黑夜通常掩盖了一些暗示着目的地即将到达的信号，为避免掉进沟里，你必须小心驾驶。在数字化转型的世界中，这一点更是如此。监管机构、竞争对手和客户的不可预测行为，使得数字技术可能踏上的无数条道路变得更为复杂。本章追踪观察飞利浦照明公司（Philips Lighting）等一些洞察型公司所采取的措施，以说明这一行动之旅的挑战和决心。图5.1显示了本章如何将第4章的感知活动与我们将在第6章中描述的及时行动联系起来。

黑暗中闪耀的光芒

发光二极管（light-emitting diode，LED）技术作为一种潜

在的颠覆性市场力量出现于 1962 年,当时麻省理工学院一名研究人员设法使一种半导体在红外范围内发光。随着 LED 技术的逐步改进,其目标变成了生产一种白光,其理想的亮度和温度就像在家和办公室里见到的那样。这一发展对照明行业构成了严重威胁,当时该行业仍然依赖于已有近百年历史的白炽灯技术。

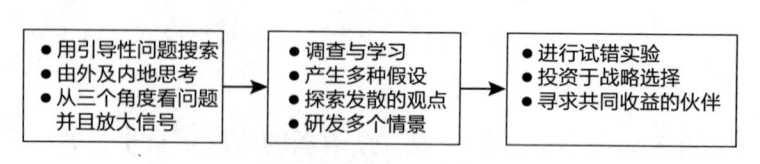

● 用引导性问题搜索 ● 由外及内地思考 ● 从三个角度看问题并且放大信号	● 调查与学习 ● 产生多种假设 ● 探索发散的观点 ● 研发多个情景	● 进行试错实验 ● 投资于战略选择 ● 寻求共同收益的伙伴

图 5.1 从搜索到抓住机会

由于商品化和激烈的价格竞争,照明市场正在萎缩,这分散了领导者关注 LED 威胁的注意力。大多数传统公司的经理仍然十分看重其核心市场的短期利润目标,而专门从事高效 LED 照明的新公司则以创新和高效的灯泡、显示器和智能的小型设备照明解决方案切入市场。最响亮的警钟出现在美国,其交通灯市场逐步被 LED 取代,这种替代产品使城市能耗降低 90%,照明寿命也大为延长。2003 年,《麻省理工技术评论》(*MIT Technology Review*)将白炽灯列入了"十大该死的技术"的濒危名单。

当组织察觉到某个微弱的信号时,是应当将其搁置一边还是进一步跟进,就不那么明显了。有四种工具在减少这种模糊和解释含义方面特别有用。本章展示了照明行业的传统企业如何利用这些工具来应对 LED 的挑战。

调查与了解

要做到这一点，首先要把自己从传统智慧和短视的视角中解放出来。正如伏尔泰建议的那样，我们不应通过答案而应通过问题来判断一个人，因为问题更多地揭示了人们的思考有多么出色和富有创造力。例如，你的领导团队是否熟练地站在关键利益相关者的立场上？这包括提出挑战现状的大胆问题。正如前面提到的，安迪·格鲁夫之所以提出挑战现状的大胆问题，是为了改变英特尔的核心战略，从内部存储转向半导体。能够挑战自己和别人的观点，需要具备三种品质：①虚心接受，没有哪个人可以从所有角度来看问题；②敢于向任何能够提供新见解的人敞开胸怀；③培养对善意的错误决定或判断的容忍。

在评估潜在的数字颠覆时，领导者可以首先深入地探究当前和潜在客户的潜在需求。用户最终可能无法告诉你如何设计产品或服务，但如果有人问他们一些问题，请他们说出他们自身不断变化的需求、对环境的要求以及在实际使用过程中遇到的问题或"痛点"时，他们通常能够清楚地表达。这些答案常常反映了潜在的需求，而不是明显的、清晰的需求。我们可以使用各种工具来调查和了解更多的潜在需求，包括问题识别的研讨会、客户体验图和隐喻启发方法，以便更好地理解消费者的心理特征。

倾听客户的声音，以便发现可能的机遇的另一些方法包括：

- 充分利用头部用户。这些用户比市场上的其他用户领先一步面临需求，对他们的需求和问题，我们要设法更快地找到解决方案。
- 监测投诉的用户和转投竞争对手的用户，寻找线索，了解为什么没能满足他们的需求以及他们如何解决自己的问题。
- 在时尚、流行趋势或数字创新往往出现得更早的其他地区或国家中搜寻先驱者。

产生多个假设

洞察型组织更擅长对其需要进一步探究的微弱信号的深层含义提出拓展思维的假设。其目的是解释异常事件，比如来自 LED 等新兴技术的更深层次威胁，或者市场新进入者的意图与策略。最初的假设不一定正确，但它以一种严谨的方式启动了重要的测试过程，直到更好的见解出现。这种创造性的测试通常产生了更好的假设，关注了更大的问题，从而开启一个迭代和累积的学习过程。

鉴于群体思维的强大力量，形成相互竞争的假设并不容易。关键是要认识到冲突也可以是建设性的，特别是当组织专注于任务而不是关系或个性时。处在"一团和气，没有冲突"或者"分歧最大，无法弥合"这两个极端的做法很少奏效。研究证实，适度的冲突将带来更好的决策，因为它促使团队成员收集更好的情报，探究更多的选择，并且更深入地研究问题。相反，更加和谐的团队可能错失解决问题的关键一环，而分歧极大的团队则会陷入或冻结在两极观点之中。

例如，一家技术设备制造商的产品在许多偏远的客户现场使用，却因现场维护不到位而苦苦挣扎，成本变得昂贵，同时也让客户感到愤怒。此时，这里的信号相当强烈——但我们应该对此做些什么呢？一种假设是这样的：如果客户能够十分容易地向我们提供关于现场维护问题的更好信息，我们就更有可能改进设备。为了验证这一假设，该制造商进行了一项实验，观察客户是否会将他们遇到的问题的详细照片发送给他们。这个简单的例子显示了创造性的假设生成是如何帮助消除模糊的。

在 2000 年前后的 LED 案例中，传统企业的领导层需要针对几个迫在眉睫的问题提出多种假设：

● 技术的发展

行业领军者需要评估高质量白光的发展速度和成本的大幅降低。2000年，对固态技术未来价格的预测从每千流明14美元低至50美分不等。同样，估计的效率范围也很广，是白炽灯的4倍到8倍。这些非常宽泛的范围意味着LED这项新技术可以占领当时白炽灯和荧光灯市场的10%～90%。显然，照明公司需要对成本降低和效率提高的速度提出更明确的假设，以获得更精确的估计。但在现有供应链上进行大笔投资的公司行动迟缓，对数字照明的可能性目光短浅。这种"行业萧条"使得一些较小的创业公司得以在新兴的数字照明领域站稳脚跟。该行业大多数现有公司最终将这些中小型公司视为潜在的颠覆者，但不清楚该怎么应对。飞利浦照明公司是最早作出回应的公司之一，主动与新兴公司合作，同时进行内部投资，以推动技术研发。而业界的其他公司则行动迟缓，这让飞利浦确立了自己在新兴数字照明生态系统中的显著领导地位。

● 贸易和终端用户态度的变化

虽然技术本身可以促进LED的采用，但承包商和终端用户的意愿可能是采用LED的一个限制因素。每年约有1/3的总流明小时需求被更换与安装，这限制了这种新技术的最大渗透率。因此，经理们需要制订战略，以应对承包商、最终用户以及影响消费者照明决策的设计师和规格师等中间人。这需要对市场和渠道发展提出新的假设。和大多数新兴技术一样，LED 要想在一个成熟的价值链中站稳脚跟，需要面临一场艰苦的战斗。市场的新进入者试图颠覆该行业，但传统企业固执己见——企图减缓 LED 技术的采用。然而，该行业的一些先行者更深入地研究了新技术的前景，而价值链上的其他关键参与者（如原始设备制造商、分销商和照明设计师）则持怀疑态度。一些人质疑这种新光源的寿命是否足够长，而另一些人则担心 LED 技术的更长预期寿命会对其替代品的销售产生影响。

- 游说和公共事务

对节能和能源消耗的态度也在发生变化，这反映在市场对技术和政府法规的看法上。一项预测是，LED 的广泛应用将使全球照明用电量减少 50% 以上，从而使全球节约用电 10%。事实证明，非政府组织和政府机构在加速 LED 市场影响力方面发挥了重要作用。特别是在美国和欧洲，通过提供技术发展奖励，政府大力支持 LED 创新。几乎没有哪家老牌公司完全理解这种创新在他们自己的沙盒中所扮演的角色。特别是，这些公私合作促进了 LED 在交通信号和街道照明中的普及，我们将在后面讨论。

- 百搭牌①

关于光照和健康之间的关系还需要进一步的假设，而且这种假设的发展也很慢。研究已表明，早产儿在特定的 LED 照明条件下表现更好，而且照明在治疗与阳光季节变化相关的情绪波动方面可能有用。但也存在一些关于光线对健康的负面影响的反假设，这与扰乱睡眠的模式和需要黑暗天空来减少城市的光污染有关。自 2000 年以来，照明行业一直在研究照明对人体健康的影响，但如今，关于 LED 白光对人体健康的影响出现了两种相反的观点。直到最近，人们才认为光是人类昼夜节律中一个不可或缺的驱动因素。此外，光对大脑健康的潜在影响，包括阿尔茨海默病（AD）等疾病，正受到越来越多的关注。另一个关键的研究领域是光照对植物生长的影响。改变 LED 颜色和亮度是控制农产品中的病原体、疾病和腐烂的一种方法，同时也能促进植物更好地生长和农作物的健康。

哲学家查尔斯·皮尔斯（Charles Peirce）认为，无论归纳逻辑（从具体的例子推理到一般的规则）还是演绎逻辑（从一般的规则推理到具体的真理）都不能真正产生新的见解。相反，他提出了回溯推理，以允许"思维的逻辑跳跃"，超越演

---

① 这个用语最早的基本含义是美国扑克游戏中的"百搭牌"，就是可以由持牌人随意决定牌值，代替任何其他的牌，在中国通常指大王和小王。

绎的必要性，找到新的解释。回溯推理的目的是利用已有的事实和创造性的推论来创造"新事实"。在面对不明确的问题时，这种方法尤其重要，因为对于不完整的问题，通常有许多可能的解释或猜想。

回溯的目的是，引导产生相互竞争的假设的产生，通过放弃旧的信念和寻求更好的信念来产生新知识。正如战略专家和作家罗杰·马丁（Roger Martin）评价的那样："当你面对的是不符合先前规则的事情时，或者当你只有少量的数据（还不足以归纳）时，可以做出一个对正在发生的事情的最佳解释的推断。"这种思维的逻辑跳跃催生了一个新想法，而这个想法，只能通过时间和未来事件的展开来证明是正确的或有效的。简而言之，回溯推理鼓励组织不只是验证，还因此而获得真正的点子。这意味着有时要踏入无知的黑暗角落，同时调整合理的怀疑，以产生积极的效果。

在最初几年（大约 2003 年），面对采用 LED 的阻力，飞利浦照明的一些业务单位使用回溯来刺激行动。例如，他们发表了大胆而可怕的声明，称 LED 技术将取代白炽灯和卤素灯。此外，他们还通过高调的营销举措推动了这一新趋势的发展。例如，自 1907 年以来，纽约时代广场的新年水晶球一直使用白炽灯照明。在飞利浦的帮助下，这个著名的水晶球在 2011 年的最后一分钟倒计时被 LED 点亮。这一引人注目的 LED 应用成为城镇居民茶余饭后的谈资，甚至更远地方的人们也在谈论它。价值链上的众多参与者都注意到了这一点。飞利浦还推出了其他备受瞩目的项目，如城市夜景和著名建筑立面的照片等，以展示LED的广泛适用性、美学和可靠性。

探索不同的观点

由于LED预计将影响整个照明行业，领导者与其他公司联合起来，更深入地探索这一挑战是有意义的。尽管如此，大多数照明制造商发现这种技术替代的早期预警信号的时候都很慢，因为他们没有紧贴客户和市场。他们就是没有对外围区域给予足够的关注，而这些区域正是LED照明早期发展的地方。照明业务的核心是生产明亮温暖的白光，这是LED征服的最后一公里，它从利基市场[①]的彩色照明开始，因为固态半导体的化学和物理特性可以更容易地在那里应用。

需要三种颜色的交通信号灯是LED的自然应用。但对主要制造商来说，交通信号灯只是一个杂项：主要客户是政府机构，他们从中型或大型分销商那里购买替换灯泡。这些批发商所处的市场竞争激烈，利润率很低，因此一些批发商开始提供

---

① 利基市场即高度专门化的需求市场，又称缝隙市场、壁龛市场、针尖市场。——译者注

来自中国制造商的低成本替代的（LED）灯。一开始只有有限的供应，但到了 2003 年左右，由于 LED 的低成本，使它成为交通信号灯的标准选择。LED 的较长使用寿命为维护公共设施的工人和警察在交通信号灯失灵的罕见情况下节省了劳动力。然而，这一特殊的 LED 应用只是众多可能的利基市场之一，因为它不涉及白光（只有颜色），主要制造商由于太晚才注意到这一点，所以失去了这一业务。大约在 2005 年，飞利浦、欧司朗（Osram）和通用电气都对普通路灯更加感兴趣，因为普通路灯主要是明亮的白光，与这些公司的核心业务更接近。当各大公司充分认识到 LED 节约成本、具有更好的可视性和健康效益时，路灯向 LED 的转变就已经开始了。此外，Dialight 和 Cree 等规模较小的原始设备制造商（ODM）也推出了用于系统更换的集成灯具，进一步侵蚀了传统灯具制造商的利益。

这是一个典型例子，其中多步骤的渠道过程抑制了早期预警信号的发出，一旦这些信号变得更强，主要制造商就无法快速采取行动了。最后，这些大公司几乎完全被淘汰出交通信号灯的领域，仅在美国就损失了近十亿美元的收入，同时在路灯领域也遭受重大损失。类似的故事发生在出口标识、户外视频显示器、建筑照明、平板（电视和电脑）显示器的背光、手电筒和冰箱灯，以及最终广泛应用于室内和室外的白光等领域。LED最初征服了利基市场，而且常常是以曲折的方式实现的，这使得大公司很难确定其未来的发展轨迹。然而，随着LED的威胁和机遇越来越明显，现有的参与者联合起来创建了一项名为"光之桥"（Bridges in Light）的创新计划。

从2003年开始，主要的利益相关者聚集在一起规划行业的未来，并启动了一个"燃烧平台"来推动行业变革。他们为照明的未来规划了广泛的情景，有些很可怕，有些则很有希望。这些可怕的情景是为了让照明行业从沉睡中醒来，比等待大危机来袭更便宜、更快。前面描述的情景最初是作为飞利浦内部战略规划过程的一部分创建的，由本书的作者之一（保罗）提供指导。这些内部情景是照明研究中心（Lighting Research Center，LRC）的"光之桥"计划的起点，该计划采用了全行业的视角。

后来，一个主要的行业贸易组织——美国电气制造商协会（National Electrical Manufacturers Association，NEMA）——使用了因此而创建的情景，以启动一项全行业的教育工作，并开启一个广泛的营销计划，以帮助整个行业适应LED。此举的一项积极成果是，该行业迅速将新兴的LED技术纳入其标准设置。美国能源部（Department of Energy，DOE）也加入了这场争论，积极倡导进一步的市场转型，并特别向行业提出挑战，要求研发高效LED灯泡。例如，能源部推出了1 000万美元的"照亮明天"照明竞赛奖（L Prize）[①]，以取代当时最常用的两种灯泡，即 60 瓦的灯泡和 PAR38[②] 灯泡。与其他行业利益相关者进行的这些互动，加深了对 LED 未来影响的理解。

尽管照明行业的大多数人仍对 LED 持观望态度，但飞利浦的高管制订了内部讨论机制。该公司成立了一个新的固态照明事业部，以开发 LED 市场和制订适当的战略，并自负盈亏。由于 LED 需要新的能力，飞利浦开始建立合资企业，1999 年以近 1 亿美元收购安捷伦科技公司（Agilent Technologies）在美国流明公司（Lumileds）的股份，用于设计和制造 LED。这些和其他一些技术投资受益于飞利浦的知名品牌和广泛的市场渠道。新成立的 LED 事业部使得飞利浦得以走在行业前列，尽管公司内部就解决相互冲突的优先事项进行辩论的过程往往既费力又官僚。飞利浦公司董事会需要不时介入，以确保辩论、战略制订和执行都富有建设性。这个新的内部 LED 团体与飞利浦强大的传统业务部门展开了一场艰苦的战斗，后者仍倾向于投资传统技术领域。

---

① "照亮明天"照明竞赛奖（L Prize）由美国能源部于 2008 年设立，是首个由政府赞助的技术项目，旨在推动超高效率固态照明产品的开发，从而代替传统照明光源。其中一大挑战就是要开发出 60W 白炽灯泡的替代产品。——译者注

② PAR38，指射灯表面的直径为 38 英分。——译者注

第 5 章 消除模糊

发展多个情景

有了前三种工具的成果，情景规划有助于更好地理解余下的不确定性。围绕主要的不确定性而组织的一组有益的情景，提供了关于未来可能带来什么的不同叙述。每一种情景叙述必须是连贯的、引人注目的和富有洞察力的，至少对当前流行的组织思维定式带来一些深刻的挑战。

每个单独的情景应当只讲述一个内部一致的故事，该故事涉及可能浮现的相关的未来。通过同时考虑多个这样的情景，组织可以避免在共享一组用于解释模糊信号的公共框架时，只锁定一种看待未来的视角。虽然组织通常会过滤掉来自外围的微弱信号——尤其是那些不符合主导世界观的信号——但情景规划将会放大微弱信号。综合起来看，这些信号有助于预示市场和整个社会的根本转变。因为有着多个情景，在其中某个特定的微弱信号可能具有不同程度的战略意义，所以组织避开了把重要的战略不确定性推到地毯下的陷阱。发展情景极大地帮助飞利浦和其他公司摆脱了照明行业的狭隘观点。

由于LED技术不断进入传统照明领域，现有公司意识到他们必须监控整个价值链，以充分看清所有的威胁和机会。如图 5.2 所示，传统的行业观点患有严重的短视和盲目性。这些行业重点关注的是终端消费者，而这些消费者最关心的是灯泡价格，这导致一场低成本的竞争。照明公司还试图影响原始设备制造商、规格师或设计师以及传统上为终端消费者选择照明灯具的承包商。随着残酷的价格战以及承包商和设计师之间对货架空间和大脑占有率（mind share）[①]的争夺，高层领导有很多事情要忙。图 5.2 所示的狭窄的行业范围界定掩盖了更宏观大局的重要部分，并引发了逐底竞争（Race to the bottom）[②]。

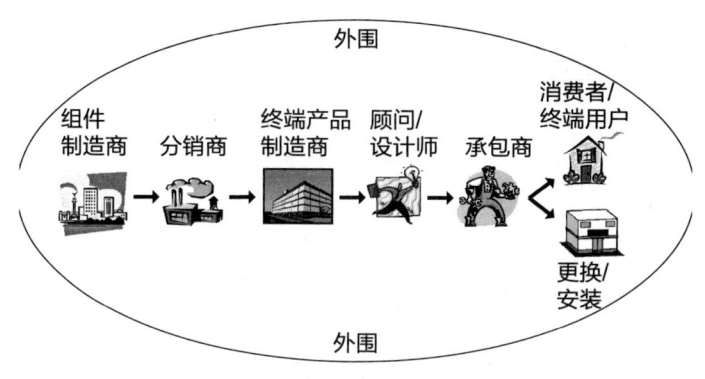

图 5.2 看待照明行业的狭隘视角

[①] 大脑占有率，也可以称为注意力占有率，这与"市场占有率"是相对的，即占领别人头脑、在演讲中引起观众的共鸣，在产品营销中才能获得认同感。——译者注

[②] 逐底竞争是国际政治经济学的一个著名概念，意指在全球化过程中，资本流遍世界就是为了寻找最高的回报率；因此，政府在有关福利体系、环境标准和劳工保障的政策执行方面会受限制，意味着发展中国家必须竞相削减工资水平和福利待遇以吸引国际企业投资设厂。亦有"向下竞争"和"竞次"的译法。——译者注

如图 5.3 所示，一种观察照明生态系统的广泛得多的视角将有助于突出那些有可能加速 LED 技术的出现甚至也许减缓其技术进步的各个因素。例如，LED 的普及依赖于技术、消费者购买行为和需求的变化以及新的监管。这种新技术的发展也可能受到其他各种力量的影响，包括健康、安全、技术、能源动力学、交通、协调研究、美学、可持续发展，以及相关的环境问题。

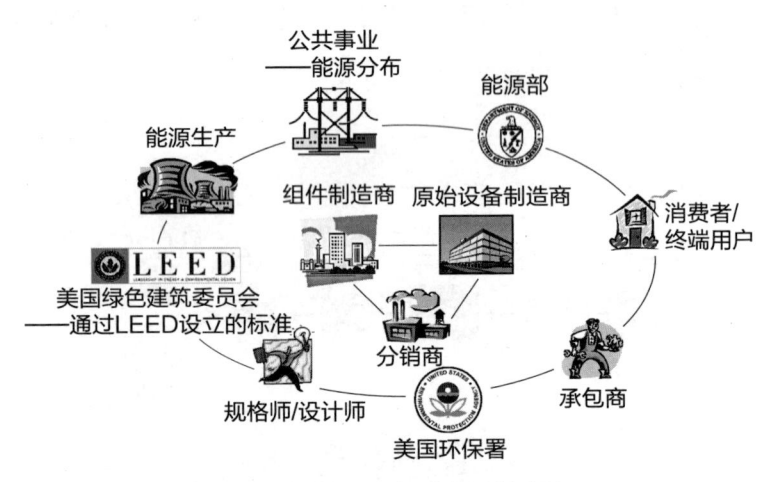

图 5.3 看待照明生态系统的更广泛视角

飞利浦如何消除模糊

2000 ~ 2005 年间，飞利浦采用了上节中描述的每一种工具，努力获得新兴固态技术的第一手经验，从 LED 蜡烛到医院环境照明系统。时任飞利浦照明副总裁的戈维·拉奥（Govi Rao）说："为了更好地理解固态照明并尝试新的商业模式，我们采用了一种先推出后学习的策略。"他补充道，"这些尝试让我们能够监控许多因素，如渠道冲突和侵蚀效应（cannibalization effect）[1]，这是传统公司经常措手不及的地方。通过创建试点，我们将风险降到最低。如果我们犯了错，我们会使错误保持在更小的规模上，并且能够快速地学习。"

2005年，飞利浦对两个关键的不确定性尤感兴趣。第一个是关于从传统照明（该公司在这方面很有实力）向真正的新应用的转变。因为LED体积小、寿命长、电压低、温度范围宽，可以嵌入各种材料中，因此LED具有实现真正照明创新的潜力。例如，一件毛衣的面料可能嵌入LED，每当穿着者说"很高兴见到你"时，衣服中的LED灯就会闪现一个微笑。更重要的应用可能是LED照明城市地标、增强的医疗应用以及军事赋能技术。

除了照明的新颖用途，飞利浦还对用户如何控制这些灯感兴趣（图5.4中的垂直轴）。贴在墙上的物理开关控制明暗的时代即将结束，因为LED可以进行数字化和远程控制。传统的照明已提供了调光选项或者需要人工操作，但没有什么能

---

[1] 侵蚀效应是指公司的一项新产品的销售会挤占原有产品的销售，也称品牌替换。"侵蚀效应"是因技术进步降低了现有的人力资本对新技术环境的适应性，即新技术使得旧人力资本所形成的外部张力受到限制。——译者注

第5章 消除模糊

像 LED 灯那样具有无限的可能性。然而，在没有复杂说明的情况下，如何使产品控制选择在家中和工作场所都易于管理，仍是一个挑战。目前还不清楚消费者到底想为多少复杂程度的数字产品买单。

这两个关键的不确定性描绘了 LED 技术在 2005～2015 年间关于未来的四种截然不同的说法，如图 5.4 所示。在这十年里，无论是哪一种不确定性的维度，都不会带来什么变化——这与左上角的情形相对应，即 LED 灯基本上取代了白炽灯或荧光灯。消费者仍会对通过数字控制改变光的颜色或亮度感兴趣，但在这种情况下，这将是一个次要问题。图 5.4 中左上角的情景对美国的通用电气、飞利浦或欧司朗等公司的威胁最小。

如果 LED 应用程序通过新的嵌入式解决方案大幅拓展市场，将会出现更严峻的挑战（图 5.4 中右上角的情景）。控制硬件（相对于光源）一直是高利润的业务，但在这个领域将经历快速变化。控制主要是一个组件业务，很少有公司能提供完整的解决方案。因此，右上角的情景将导致严重的利润损失，因为现有照明设备的 LED 替代成本较低，并且失去了新的市场细分领域的增长机会。更有挑战性的是图 5.4 中左下角的情景，在该情景中，用于照明的硬件控制（如墙上的固定开关）让位于随时随地远程操作的数字控制。

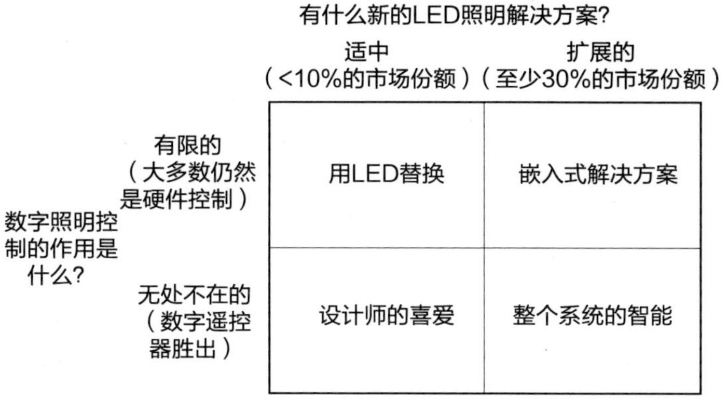

	有什么新的LED照明解决方案?	
	适中 （<10%的市场份额）	扩展的 （至少30%的市场份额）
有限的 （大多数仍然 是硬件控制）	用LED替换	嵌入式解决方案
无处不在的 （数字遥控 器胜出）	设计师的喜爱	整个系统的智能

数字照明控制的作用是什么？

图 5.4　集中在 LED 技术影响上的情景

在 2005 年，照明控制是市场的一个重要组成部分，许多竞争对手都想分一杯羹。图 5.4 中左下角的情景描绘了设计师喜爱的事情，因为新的软件应用程序和功能远超传统的硬件控制。一旦新的多功能控制对消费者具有吸引力的价格点，建筑师、设计师和室内装饰师将获得权力。右下角的情景将是现有照明企业最具挑战性的未来，因为智能集成照明解决方案几乎不使用旧的系统。

为了更好地理解图 5.4 中的四种情景，飞利浦进行了各种感觉和搜索机会的活动。首先，它推出了一个更好的环境搜索系统，以监测新兴的细分市场以及 LED 在行业传统细分市场的渗透水平。其次，成立了一个工作组，审查飞利浦目前在 LED 技术方面的专利地位，并探索从应用和更强有力的法律保护方面扩大这些专利的方法。① 同时研究了主要竞争对手的专利组合以及新进入者的专利组合，以评估威胁并探索新的合作机会。接着，特别关注中国在全球照明产品供应链中日益增长的作用以及具有相关半导体技术的亚洲新企业正在采取的各种行动。

最后，飞利浦做出了重大努力，以发现新功能即将推出的早期迹象，特别是那些受到强大专利或复杂软件平台保护的功能，这些功能可以产生进一步的智能解决方案。例如，飞利浦决定加强其在美国电枢市场的弱势地位，并将更多的精力放在专业灯具市场上，因为这两个市场都被认为是 LED 渗透的有前景的细分市场。② 运用这些见解，该公司采取了多管齐下的方法来领导市场：推动有机增长目标，制订积极的并购战略，建立一个小赌注组合，该组合最终可能导致几个大赌注。这种组合方法使飞利浦能够改善其产品，而无须直接与公司非常重要的原始设备制造商（OEM）的客户群竞争。

如前所述，飞利浦还设计了各种实验，如为新的儿科医院室内集成各种照明技术，为孩子们及他们的父母提供改进的 CT

---

① 飞利浦在美国收购了 Color Kenetics，在加拿大收购了 TIR。Color Kenetics 尤其使飞利浦在建筑和城市中心的室外照明领域拥有了强大的地位，该领域拥有多种颜色和多功能电子数字控制系统。

② 电枢是灯具的一部分，用来分配光通量，以保护人类的眼睛免受强光的照射，输送电流，并加强灯具本身的保护。灯具的定义是"一个完整的照明单元，包括一个或多个灯具以及设计用于分配灯具、定位和保护灯具、镇流器（如适用）以及将灯具连接到电源的部件"。

扫描体验的环境照明。年幼患者可在四种不同的主题中选择：水上、太空、飞行或默认的熔岩灯，这有助于孩子们在扫描过程中保持静止。如果一个孩子在手术过程中必须屏住呼吸，那么水上情景中的水獭可能也会这样做，以树立一个有吸引力的榜样。拉奥说："我们在实践中学习，并根据所学知识制订战略选择。这种实验的价值在于我们有能力挑战当前的商业模式。"这些举措，使得飞利浦能在刺激创新的同时经受住即将到来的各种风暴的威胁。截至 2017 年，LED 技术占飞利浦照明销售数据的 24%，使其在传统竞争对手中处于领先地位。

回顾过去，LED 的冲击并没有图 5.4 中右下角情景中设想得那么大，但仍是一个非常重要的改变游戏规则的因素。根据市场细分和不同国家的当地情况，该行业在 2015 年的运营情况是右上或左下两个情景（2005 年情景预测的十年后）。尽管图 5.4 中的情景矩阵已有十多年的历史，但它在概念上仍然是相关的，因为照明正在扩展，而不仅仅是提供更好的照明。园艺是一个特别有前景的扩展领域，如果在可以精确调节光照的立体农场种植作物，水果或蔬菜的产量和单一性会显著提高。定向照明已成为控制植物病害和增加叶类作物营养成分的一种非化学方法。飞利浦的例子说明了企业如何利用情景规划来加深对新技术或新市场的理解，而不仅仅是在单一的未来叙事上孤注一掷。最后，飞利浦决定彻底退出利润微薄的照明业务。

其中三种情况表明，其自身的业务模式发生了严重的价值转移。由于 LED 嵌入了无数的设备中，建筑材料和外壳价格更便宜，传统灯泡制造商的利润变得过于微薄。领先于通用电气和欧司朗后，飞利浦仍有时间在 2016 年进行有序的首次公开募股（Initial Public Offering，IPO），随后以数十亿欧元出售其剩余的照明业务。飞利浦适时看到的利润缩水，导致了长期占据统治地位的寡头政治的瓦解。如今，这三家顶级企业都退出了照明行业。

结论

解释模糊的情况，需要对当前问题的框架和提出的解决方案保持高度怀疑。不幸的是，人们可能将表达怀疑的领导者视为优柔寡断，而如果怀疑导致分析瘫痪，那它可能真的是功能失调。建设性的怀疑实际上有助于激发调查和消除模糊，以支持更好的决策。正如生物学家斯图尔特·费尔斯坦（Stuart Firestein）所强调的那样：人类的未知领域远远大于已知领域，因此无论在科学还是商业领域，获取新见解都重要得多。

通过营造一种可以接受怀疑的氛围，领导者能够培养洞察的心态。播撒建设性怀疑的种子，一种方法是鼓励同事说出自己的直觉，这些直觉可能以恐惧、愤怒、厌倦甚至内疚的形式表现出来。正如一位专家所言："当我们培育直觉时，就培养了怀疑的生成潜力。"一旦有了怀疑，对新问题和新挑战的无限好奇就会促使关键的调查和测试过程启动。

　　培养有效怀疑的另一种方法是探索意外事件——不管它是积极的还是消极的。如果吸取了教训，每个错误都有一线希望；同样地，每一次意想不到的成功，都可以通过更深刻的见解而带来更大的收获。一旦这些学习循环的多次迭代完成，团队成员将开始将模糊和怀疑视为战略制订的关键，并值得尊重和信任。只有正视并充分解决了模糊的问题，采取下一章讨论的战略行动的时机，才算是成熟了。

第 6 章

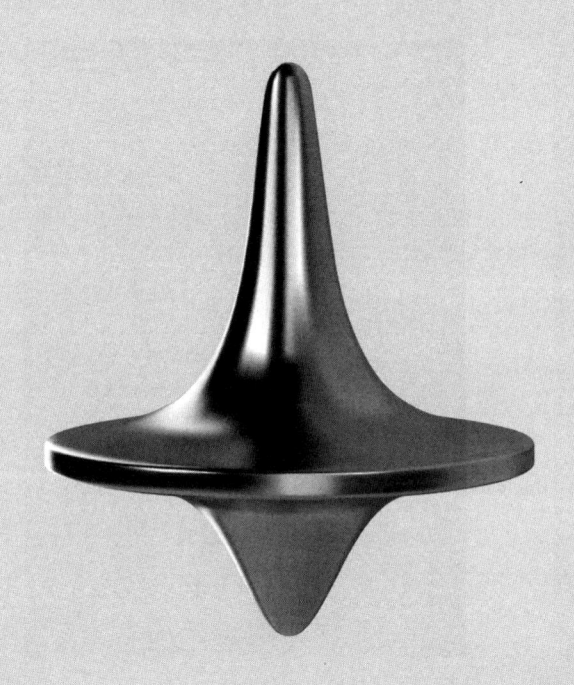

采取及时行动

> 快速的决策不是最安全的。
>
> ——索福克勒斯（Sophocles）

在数字化冲击的环境中，有些行动可能存在风险，而考虑采用这些行动的领导者也许因为不完整或有偏见的信息而陷入死胡同。洞察型组织认识到，在新的战略计划中全力以赴几乎没什么好处。但他们也知道，这一严酷的现实，可以通过一系列强有力的行动来缓和。第一，他们可以将可能的风险或机会的迹象转化为假设，以便用实验进行验证。我们讨论的不是经过仔细控制的科学实验，而是建立在前一章解释的学习过程基础上的快速和迭代测试。第二，他们可以用较小的赌注来投资战略选择，如果不成功，可以迅速转向。第三，通过与面临类似情况的合作伙伴共同合作，他们可以拓展自己的能力，进一步遏制风险。

这三种行动可将公司领导层从错误的二分法中解放出来。所谓二分法，就是要么仓促地过度投入，要么什么都不做，静待事态发展。这些阶段性的投入让领导团队能够更快地抓住新的机会，避免随后的防御性过度反应，而不是采用一种要么全心投入、要么完全不投入的方法。灵活地采取及时行动的方法特别适合那些面临可能的数字干扰的老牌企业，如助听器企业和人寿保险行业的公司。让我们仔细看看它们各自面临的挑战。

1. 助听器企业

包括奥迪康（Oticon）和瑞声达（ReSound）在内的6家主要的美国供应商长期以来一直受到监管壁垒的保护，只有经过培训的听力专家才能评估、安装和提供助听器服务。这些设备的价格从每只耳朵900美元到4 000美元不等，价格取决于患者听力损失的程度。由于医疗保险很少完全覆盖购买成本，只有五分之一的人可以实际戴上助听器而受益。即将出现的两大威胁是对传统企业的威胁：首先，美国国会正在考虑一项放松管制的法案，该法案将允许非处方销售。这将为众多科技公司打开市场，其中包括三星的Gear IconX耳机、苹果的AirPods耳机以及博士公司（Bose）的Hearphones耳机（每套售价499美元）。其次，为了规避美国食品药品监督管理局（FDA）的监管，这些公司以及大量涌入这个不断扩大的领域的新公司强调，他们销售的设备实际上并不是助听器。由于价格比传统的助听器低90%以上，因此它们一旦进入市场，市场肯定会扩大。这些问题威胁到了传统企业稳定且高额的利润，那么，它们该如何应对呢？

2. 人寿保险

很少有哪个行业的企业能像人寿保险公司一样沉稳，并且似乎不受数字化威胁的影响，但数字化技术可以极大地提高客户价值，使政策更具相关性或者降低中介的成本。传统的保险公司依靠的是高额预付佣金，这些佣金可能超过第一年保费的100%。该市场的新进入者采用自动咨询流程和高级分析技术，直接向消费者销售定期保险，此举可能对传统保险公司造成冲击。新进入的初创公司可以根据客户的就诊处方、历史资料等第三方数据服务来生产人寿保单，而不再需要客户进行耗时的体检，一些公司还为拥有健康生活方式的投保人提供大额折扣。像苹果公司这样的外来者利用他们的数据和产品平台进入人寿保险市场，只是时间问题。

如今，大多数公司都面临着这些挑战的不同变化，防守也不是一个选择了。前一章讨论的解释模糊问题的方法，为快速行动的三管齐下的方法奠定了基础。

第一步：进行反复试验

到2011年，传统的销售药品的"声音份额"模式——即销售人员与竞争对手相比能花多少时间在医生身上——正在崩溃。诺华制药未来三年的数字化举措表明，在反复试验和深入的客户对话的指导下,采取先发制人的举措,可能会有所收获。

从历史上看,制药厂的销售代表会按照一个精心构建的脚本一次又一次地拜访开处方的医生。这些互动是短暂的、单向的交流,对销售代表和客户来说,常常感觉像是独白。因此,诺华制药几乎没有掌握任何关于客户如何感知和使用其药物的数据,也没有什么方法知道哪种销售策略最有效。在药品取得重大突破的"丰年"里,丰厚的利润意味着制药公司没有必要重新设计他们的标准方法。但大多数药物最终失去了专利保护,仿制药开始夺取市场份额,导致价格大幅下降。与此同时,购买力和影响力转移到了付款人或供应商那里,而制药公司则因可疑的销售行为而受到批评。销售代表发现自己身处的世界已经彻底改变了:他们接触医生的机会越来越少,可以讨论的新产品的数量也在减少——如果还能设法进入医院大门的话。

为了应对销售额下降和销售队伍日益受挫的局面,2012年,诺华制药发起了一项数字倡议,帮助其在80个国家的2.5万名销售代表与医生进行双向的协商对话。该公司用增值服务和广泛的通信渠道取代了简单的背诵标准信息。让最相关的科学人员参与其中,实时提供复杂问题的答案。销售代表能够立即获取医生认为最有用的数据,无论是老年人的安全问题,还是药物相互作用的风险。这使得对话更加自然地朝两个方向流动,从而结束了公式化的销售脚本。

从销售代表的独白转变为销售代表与医生的对话,诺华制药能够从这些新的对话中察觉到微弱的信号,并且提高了对客户最重要因素的理解。它的数字平台捕获了销售访问的详细信息,提高了对客户偏好的理解,并且助推了营销信息的个性化。诺华制药能够及早地发现萌芽中的问题,更早地察觉市场机遇。这种试错学习的精神进一步渗透到公司的客户参与计划中。该公司在多个国家进行了多达42次的试点测试,以了解如何最好地设计平台,确定包括哪些功能,并且监测销售代表的接受情况。这些实验的反馈对最终的投资决策至关重要。组织的学习需要在现实世界中创造经验,然后利用这些经验来扩大或缩小后续投资。嵌入这种做法将提升组织的动态能力,这些动态能力在满足两个条件的基础上能以多种方式运用。首先,组织必须培养一种实验性的心态,包括挑战现有信念的意愿。采用实验的团队必须能将他们的见解编成法典并予以分享。新的软件工具,包括先进的数据分析,可以帮助团队跟踪测试和控制组,并帮助识别最影响业绩的属性。其次,领导者必须培育一种容忍错误甚至审慎鼓励错误的文化。尽管应该始终避免由于粗心或疏忽导致的失败,但如果对失败采取零容忍的政策,那么任何组织都无法从中吸取教训。仅仅口头上承认犯错是可以容忍的，但这还不够，还需要付出深思熟虑的努力营造一种从失败和反复实验中吸取教训的氛围。正如爱因斯坦所言："如果你从未失败过，你就从未尝试过任何新事物。"

对失败具有强大容忍度的公司，其领导者都认识到，每一次挫折都可能带来深刻的见解。例如，领导者可以对失败的重大项目和投资进行事后分析，因为他们知道，最深刻的见解往往是失败的另一面。领导者不应仅仅赞扬成功，还应当认可和赞扬失败的项目——也许是过于大胆，但原因是正确的。世界领先的泵制造商——丹麦的格兰富水泵公司（Grundfoss）就采纳了这一原则，要求装配线上的工人尽可能记录每一次出错的情况。当这些方法在整个公司实施时，这家公司就变成了一个真正"打破砂锅问到底"的企业。

第二步：投资战略选择

绿色技术充满了不确定性，被定义为基于科学的应用，旨在通过减少浪费和毒性来保护自然环境和资源。如今，多种新兴技术涉及重大的资本风险，需要在较长时间内进行管理，常常是通过伙伴关系和战略联盟来管理。当杜邦公司

（DuPont）首次察觉到将其生物技术专长应用于绿色技术的机会时，发现许多政府正面临应对气候变化和能源安全问题的压力。杜邦还意识到，作为替代能源的乙醇很容易被取代，因为其生产成本是汽油的两倍，而且每加仑的能量含量明显更低。为了控制探索替代生物燃料的风险，杜邦采取了几项战略选择，随后建立了一系列合资伙伴关系。

这种做法已经持续了几十年，例证了在战略选择上投资的力量。与金融期权类似[1]，这些战略选择保留了日后进行更多投资的权利，而不是只有一个选项可供选择且必须照这个选项做，它允许在一旦了解清楚了各个选项的利弊之后，再在投资的过程中进行调整。通过在许多投资中开发有价值的战略选择组合，领导者可以根据市场和技术的发展方向进行试验、制作原型，并且完善他们的计划。由于这个方向在一开始可能还不清楚，战略选择的方法让公司在多种可能发展的情况下取得胜利。

战略选择有四种类型（见图6.1），大多数公司需要组合他们的投资战略：

---

[1] 与在金融市场进行交易和定价的金融期权不同，这种灵活的投资也被称为"实物期权"或"影子期权"。实物期权存在于公司内部，是其实际业务活动的重要组成部分，因此很难从外部撤出、交易或套利。它们的价值通常是通过决策树、净现值分析和蒙特卡罗模拟来评估的，也许是为了量化灵活性的好处和预先查看的未来信息的价值。

1. 保留和保护选择

当市场和技术领域是熟悉的且不确定性是可控的时，这些方法是适用的。它们使得公司能够对可能的竞争动向、市场需求的变化或经济气候的意外情况做出反应。这类选择是通过精心设计的实验来测试不同的假设或战略反应，以及预先提出计划以确保公司不会在竞争对手前进时落后。

2. 一次性的选择

当某家公司想要快速地寻找机会而不需要建立大规模的生产设施时，就可以使用这些选择。当需求不确定时，它们是有意义的，如果需求疲弱，大型工厂可能成为负担。通过从一个较小的工厂开始（无论单独或与其他合作），一旦证明需求强劲，可以选择建造一个更大的工厂，同时避免长时间的延误。如果需求无法实现，任何损失都是可控的，假如与合伙人分担的话，更是如此。在管理一次性选择时，了解投资的残值是很重要的，因为一次性的选择比其他类型的投资公司面临更大的失败风险。

3. 探索性的选择

这些方法用于处理市场和技术上的高度不确定性，直到确立了足够的商业可行性。这些小规模的探索性投资可以帮助公司获得额外的经验，这些经验日后可以用于更大的战略承诺。小规模的研究与发展投资、合资企业或者对初创企业的投资可以达到这一目的。例如，收购一家小型初创企业是一个试水的机会，如果无法带来预期的价值，也很容易放弃。但如果成功了，将为进一步的投资提供知识基础和框架。

4. 侦察选择

这是在不确定性相当高的情况下为发现新技术或市场而进行的谨慎投资。军事侦察的比喻是恰当的：为找到敌人，军队派出侦察员——即使他们因被捕或死亡而未能返回，将领们至少也能大致了解敌人的下落。侦察涉及方方面面，从对初创企业进行小额投资，获得进入新技术的早期窗口，到与智库或学术机构合作，更多地了解新技术、市场或工具。另一种方法是加入标准组织、行业联合会或行业协会，只要他们能够提供有关市场、监管或竞争对手的有用情报。

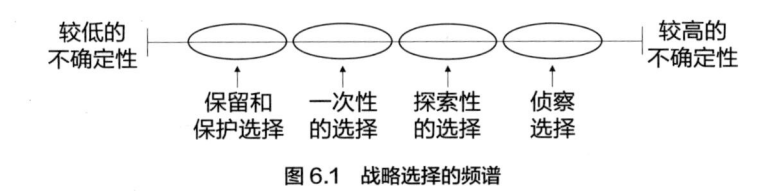

图 6.1 战略选择的频谱

第三步：合作获得共同收益

　　自己动手的方法往往与采取及时行动是背道而驰的，因为很少有公司能够克服经验不足、人才短缺或资金匮乏的限制，而不招致长时间的延误和太大的风险。例如，诺华制药在制药方面拥有深厚的实力，为了实现其数字化销售队伍的战略承诺，该公司并没有试图掌握其所需的无数门的数字学科，而是和研发合作伙伴合作设计了一种创新的非线性导航方法，允许销售代表在与医生保持眼神接触的情况下遍寻不同的内容领域。诺华制药还与云软件提供商合作，而图形机构开发了信息架构、文件格式和视觉设计。

　　创新及研究与发展的过程是企业向外部投入和敞开"门户"的首批领域。这种由封闭到开放的转变受到了宝洁公司的鼓舞，他们采用"连接+研发"方法（Connect + Develop approach），在开发新产品时取得了成功。宝洁的领导层认识到，"并非所有的聪明人都为我们工作"，假设有 200 名研究人员在宝洁公司工作，可能同时就有 200 名同样优秀的科学家或工程师并不在宝洁公司工作。他们还意识到，过去几年里，他们的许多最佳创意都来自跨部门合作的团队。

　　要成为一个开放的组织，不仅仅是让几个合资伙伴进入新市场或外包非核心活动。相反，这需要在思维和战略上的转变，将一些控制权和所有权让给外部合作伙伴——重视关系能力，这种能力可以使公司的资源超越自己的边界，获得合作伙伴的互补资源。管理多个复杂伙伴关系需要掌握一套复杂的战略与战术合作技能。

一方面，有的公司主要依靠内部资源；另一方面，有的公司广泛开放，以动员支持伙伴网络。然而，在这两者之间还有着广泛的选择，可以从合作伙伴那里获利，形成双赢局面。如图 6.2 所示，在频谱中向右移动，需要从文化向协作以及愿意分享信息、成本和利润上转变。这些都是快速参与企业集团开发数字系统的必要条件，从智能的家庭与工作场所，到实时的、多渠道的金融交易。接受这一点，得从以公司为中心的战略观点转变为更广泛、更开放、更流动的网络或生态系统观点。从合作中获益的主要方式有以下三种。

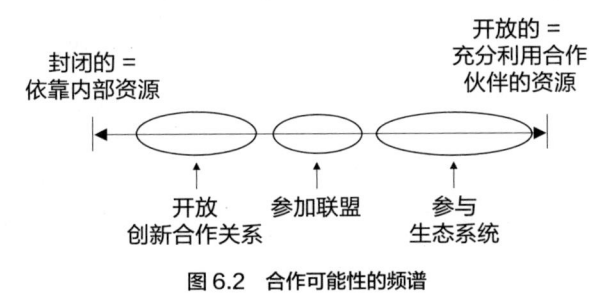

图 6.2 合作可能性的频谱

1. 开放创新合作关系

开放创新就是在公司边界之外寻找新的创意。3D 打印和可共享、快速修改的设计等活动协调的数字技术大大加快了开放创新合作的进程。开放有两个方面：第一个方面是由外及内，将外部的创意、技术和能力引入企业的创新/研发过程。第二个方面是由内及外，将公司忽视、遗忘或未充分利用的创意或技术被他人识别、共享并纳入其创新活动中。例如，欧莱雅（L'ORÉAL）和雷诺（Renault）合作开发了一款"电动SPA"概念车，或者汽车供应商德尔福（Delphi）和 Mobileye 合作设计了一款自动驾驶系统。公司之间的互动，得益于 Slack 这样的创意分享系统。

2. 参加联盟

这些联盟范围很广，从采用扁平化治理方法的联盟和共享技术的封闭成员，到竞争对手之间为了追赶行业领导者而达成的长期合作协议。在这些联盟中，技术落后的企业为了生存被迫相互求助，开放创新流程。当这些公司没有及时发现和应对机遇时——例如，加入由丰田领导的汽车混合动力技术联盟——那么他们追赶的成本和风险就会变得令人望而却步。这类联盟是有风险的，因为随着参加的企业学到更多，他们通常会发现各个加盟企业的利益和动机各不相同。

3. 参与生态系统

嵌入生态系统中的商业模式正在重塑许多传统产业，并且创造出全新的产业。要想成功，任何生态系统都必须为潜在的合作伙伴提供令人信服的好处，并适用于多家企业。洞察型公司可以通过明确的价值主张和广阔的视角来探索新兴生态系统的可能性。例如，潜在的成员应当在生态系统中有明确的（但不是固定的）位置，活动将在他们之间流动，他们将通过兼容的激励和动机而保持步调一致。从这种由外及内的角度来看待生态系统可能带来的各种好处，而不是关注每个伙伴可以贡献什么，将使得联合活动的协调变得既有价值又可行。

汽车生态系统就是一个很好的数字化的例子。这一系统涉及不同的参与者，以四个技术平台为核心来提供解决方案，这四个技术平台是：自动驾驶系统；通过远程信息处理、语音识别和相关技术实现的联结；电气化和储能；共享的流动性。玩家包括传统的一线原始设备制造商及其供应商，竞争的友敌（拥有共同的敌人的团体）以及意想不到的新进入者。和其他许多生态系统一样，这个不断进化的生态系统将会在陌生的伙伴之间形成连锁的联盟，其中很少是一对一的。例如，图形芯片制造商英伟达（NVIDIA）正在为八家不同的自动驾驶汽车制造商制造嵌入式计算机。在这个快速变化的环境中，洞察型公司做好了最充分的准备，以预测需要将合作伙伴聚集在一起的新能力。

灵活地结合各种方法

图 6.2 中的合作可能性是相辅相成的。面临数字化冲击时，可能没有足够的时间进行试验和错误学习，因此利用他人的经验是可取的。苹果公司通过与 Napster 和其他文件共享服务公司的合作，以及自身的收购，迅速获得了推出 iPod 所需的知识。即便如此，史蒂夫·乔布斯和苹果公司还是差点错过了这场音乐领域的巨大数字化变革。2000 年夏天，乔布斯仍然痴迷于完善麦金塔电脑（Macintosh，简称 Mac）的视频编辑功能，几乎没有看到音乐界最大的革命之一。"我觉得自己像个笨蛋，"他后来在接受《财富》杂志采访时表示，"我以为我们错过了，我们必须努力迎头赶上。"

一旦乔布斯意识到数字音乐的巨大潜力，苹果公司就立马采取行动，在所有电脑上都安装了光盘刻录机。然后，苹果收购了一家名为 SoundStep 的小公司，以快速启动软件开发。第一版 iTunes 只用了 4 个月，第一台 iPod 也在 9 个月后问世。由于苹果仍需在 iPod 上播放内容，因此它与主要唱片公司达成了重要协议，以开发一个销售歌曲的平台。对乔布斯来说幸运的是，音乐产业当时正忙着起诉 Napster 和它自己的客户——这减缓了这个产业自身的数字创新——以至于乔布斯拥有更多的时间。他原本以为自己不会有这么多时间了。2003 年 4 月，苹果的 iTunes 音乐商店开张时，目标是在 6 个月内卖出 100 万首歌曲。这个目标在短短 6 天内就被超越，到 2005 年初，iTunes 控制了所有合法下载数字音乐份额的 62%。

保持简单

分析瘫痪（analysis paralysis）这个术语概括了采用过度测量的、线性的、烦琐的和缓慢的决策过程的风险。在稳定的情况下，基于决策理论和运筹学的优化方法可以很好地发挥作用，但在硅谷的温床中就不行。在那里，最成功的公司只需遵循一些简单的规则，就能在数字化冲击中保持领先。在高速市场中，有效的动态能力是简单的，而不是像在不那么动荡的环境中所需的那样复杂。简单的日常工作可以让经理们专注于重要的事情，不去拘泥于具体的行为。过度分析方法的一个危险是，它们利用的是具有误导性的过去的经验，类似于将某个统计模型过度拟合到包含旧信息的数据集之中。当业务变得复杂时，策略应当简单。这里的观念是：在一系列快速的微周期中，迅速地在假设生成和测试之间来回移动。简单的迭代探测很容易快速应用，如果在某个狭窄领域内运用一些智慧，那么，这类迭代探测方法可以创造奇迹。这与人们普遍认为的思维捷径会以偏见或次优的形式付出高昂代价的观点相矛盾。正在进行的关于简单规则是否明智的争论，取决于决策者所处的环境以及他们的认知能力。

很大程度上取决于时机

在数字化冲击的时代，假如在错误的时间做正确的事，其实就是做了错误的事。这一警告声明与一些公司的做法形成了共鸣，他们一方面寻求在谨慎了解数字机遇和投资于少数战略选择之间找到正确的平衡，另一方面做出重大的承诺来进行数字化转型。乐高（已撤资其数字设计师虚拟建筑项目）和耐克（已停止生产 FuelBand 活动追踪器）面临的困难值得警觉。与此同时，通用电气试图通过在其许多产品中嵌入传感器以及为物联网（Internet of Things）打造雄心勃勃的软件平台，以努力成为一家数字工业企业的梦想也被束之高阁。在这些以及其他许多案例中，数字化转型遇到了业绩问题，导致股价下跌，因为大赌注的回报没有预期的那么快。我们从中得到的一个教训是，与其快速上升（然后痛苦地下降），不如谨慎行事，并在合适的时机做好准备。

洞察型公司正在面对这一挑战，正如在第3章中提到的那样，壳牌的领导者被迫将注意力重新集中在可再生能源上。首先，他们认识到在电池等能源的供应方面，以及在家庭、工作和旅行中对更高效节能设备的需求方面，多重数字干扰的情况正在发生。例如，清洁电子可能取代复杂的碳氢化合物分子，而壳牌知道如何在世界各地发现、浮游、裂解、蒸馏和运输这些分子，这需要付出相当大的环境成本。其次，清洁能源带来的新机遇与石油公司的基因并不一致，他们在管理大型项目和复杂技术、与政府打交道、长期投资以及能源运输方面获得了来之不易的专业知识，也许仍然是一笔资产。但壳牌负责战略的高管表示，能源领域的战略格局也在迅速变化，"从难懂到错综复杂"，意味着传统领域的许多核心竞争力可能变得无关紧要了。

确定周期的时机。 壳牌领导人面临的最大挑战将集中在如何确定时机上。该公司需要密切地监测风向，然后采取足够迅速的行动，为未来创造有意义的战略选择。用壳牌前 CEO 的比喻来说，关键问题是要有多少个不同的"锅"继续着火——壳牌过去曾试着点燃过几个可再生能源的技术"锅"，结果都被"烫伤"了。以太阳能电池板为例，该公司发现这是一场竞争激烈的制造游戏，但等到发现之时，却为时已晚。同样，业界认为风电场的利润率太低了。现在的问题是，该公司的领导者应该以多大的力度将公司的注意力转向清洁能源。过去，壳牌未能给予可再生能源足够的战略重视，导致行动畏首畏尾，执行不力。这一次，游戏规则真的改变了：到 21 世纪下半叶，或许至少一半的能源系统由可再生能源组成，这需要不同的能力，并且要导航新的价值链。有鉴于此，壳牌 CEO 本·范伯登（Ben van Beurden）开始削减成本，重新设计深水石油平台和陆上页岩气项目，期望以更低的价格取得成功。此外，范伯登一直在投资风电场，并加入了太阳能财团。最终目标是通过壳牌的全球能源生产、交易和销售网络推动可再生能源的发展。由于能源市场的变化速度超出了壳牌的想象，其领导者必须迅速行动，以完成这项艰巨任务。他们再次把赌注压在了氢燃料上，并加入了德国的一项实验，在全国各地安装 400 多个氢燃料站。壳牌还通过收购荷兰公司 NewMotion 而进军了电动汽车行业，后者在欧洲运营着 3 万个电动汽车充电站。

壳牌 CEO 敏锐地意识到未来的挑战，其下属的著名情景规划团队清晰地描绘了一个"永远更低"的世界——这或许意味着坐拥巨大的、无利可图的碳氢化合物储量。作为回应，壳牌出售了其在加拿大油砂的大部分股份，这是一项更接近露天开采而非石油勘探的业务。根据其未来的能源发展前景，该公司预计全球石油需求可能在短短 10 年内达到峰值——对这家数十年来一直习惯于在全球范围内进行投资，累计投资额已达数十亿美元的公司来说，十年的期限非常短。壳牌公司的其他预测认为，石油需求高峰将出现在 21 世纪 40 年代末，因此确定时机仍然存在诸多不确定性。但该公司充分认识到，一个史诗般的转折点即将到来，从那时候开始，世界将从石油转向清洁能源。

技术成熟度曲线。科技公司的领导者常常利用高德纳公司公布的技术成熟度曲线（Gartner Hype Cycle）来制服那些过分迷恋从外围涌现的诱人技术的人们。尽管这个框架没有经过严格的学术测试，但它提醒我们，技术可能有着很长的时间跨度。然而，这既不是满足于现状的理由，也不是草率投资和过度投资的理由。技术成熟度曲线可以帮助我们做出微调时机的决策，因为它描述了数字技术通常遵循的五个阶段的模式（参见图 6.3）：

（1）技术触发带来新的可能性，激发集体的想象力，并在早期阶段创造令人兴奋的东西（比如"大数据是下一个大事件！"）。

（2）这种热情很快达到膨胀预期的顶峰，超出当前这一代技术所能提供的现实（就像互联网的繁荣和萧条一样）。

（3）随着现实的到来，预期下降，市场明显滑入幻灭的低谷（就像基因治疗在遭遇挫折和暂停人体试验后经历的那样)。

(4)技术通过处理方面的体验效应继续改进,创造了稳步爬升的光明期。对数字技术来说,这多亏了大规模的数据收集和基于云的大数据机器学习基础设施的进步。此时此刻,人们的期望会上升,与达到实际合理的成本目标相一致。

(5)一旦达到生产率稳定的阶段,高科技产品就会"飞入寻常百姓家"(就像苹果手机一样),并且稳步增长,直到下一种颠覆的技术出现。

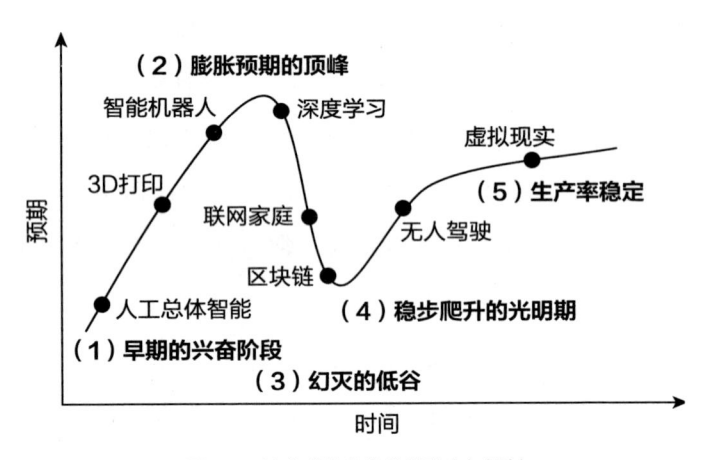

图6.3 技术成熟度曲线的动态与投射

技术成熟度曲线框架的预测能力——就时间和规模而言——仍有待商榷,但其潜在的阶段性动态是合理的,因为它们结合了两种不同但又相关的现象:对新技术的采用速度和热情。因为任何一个组成部分都不确定,所以这两个维度为情景规划提供了一个有益的框架。然而，领导者应当对过度确定的周期预测保持怀疑，要在每种风格预测的广泛不确定性的范围内思考。新兴技术的发展道路是出了名的难以预测，有许多曲折和挫折。技术成熟度的标签本身就表明，过度的希望、恐惧或贪婪等非理性力量在驱动着市场周期，但我们并不总是清楚其中有多少非理性因素在推波助澜。与更普遍的经济泡沫类似，技术成熟度曲线可以正确地预示某种值得关注的新兴技术（这就好比，在2000年互联网泡沫破灭之前，投资股市起初是个好主意）。正如周期概念所强调的，一项新兴技术的轨迹并非完全是随机漫步，不过还是包含了许多不确定性。

第一个相关信息是，不应忽视在技术成熟度曲线中出现的技术，因为并非所有技术都是炒作的。因此，高层应当对新兴数字技术给予一定的关注，以监测其进展和战略可能性。第二个相关信息是，领导团队需要发展一种足够深入的能力，以便能够理解这项技术在商业上的真正意义，并且愿意进一步探究和探索。这意味着要制订长期的战略来招募新的人才，并建立一个内部资源和外部专家库。在像人工智能这样人才稀缺、多样且深度丰富的领域中，建立服务提供商网络可能更好，这些服务提供商可以帮助公司应对技术的不确定性。不管怎样，确保正确的能力到位，是成功做到更快采取行动的先决条件。

在应对数字化冲击时，根本的挑战仍然是平衡竞争的冲动，极其谨慎地前进与野心勃勃地过度承诺形成鲜明对比，两者之间不易把握。领导者经常陷入这种长期的困境，因此，最重要的是要保持洞察。在下一章中，我们将为领导团队采取综合行动提出切实可行的方案。

第 7 章

一份行动方案

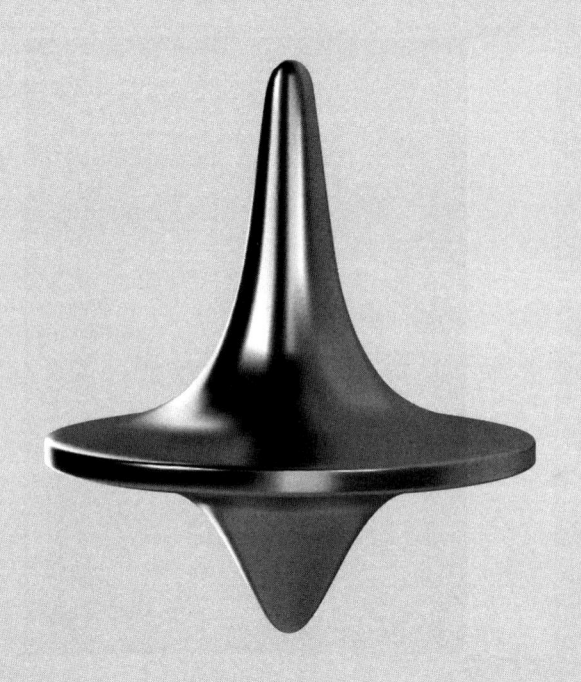

> 当有一个经受冲击的世界和一个四平八稳的世界摆在我面前时，我想要动荡的世界。
>
> ——英特尔 CEO 安迪·格鲁夫

几乎没有哪个行业比信用卡行业更容易受到数字化浪潮的冲击。在技术进步和千禧一代不可预测的偏好之间，形势几乎每周都在发生变化。然而，与大多数行业一样，并不是所有的传统企业都对这些信息保持同样的警觉。值得称道的是，万事达信用卡（Mastercard）是第一家意识到新数字化平台带来的挑战并迅速采取行动的公司。该公司通过比竞争对手更早预见和更快行动，将自身定位为许多行业颠覆者的首选合作伙伴。万事达信用卡的转型是一个具有启示意义的案例，说明了在严格的行动方案指导下，洞察力强的领导者有多么强大。该公司发展历程的特点是视当时情况而定的，但基本的设计原则，对其他那些寻求在数字化冲击中站稳脚跟的公司也适应。这些基本设计原则就是洞察型捍卫者的广泛行动方案。

当你在星巴克点一杯拿铁时，万事达信用卡所支持的购买过程或许看起来是无缝的，但每一笔交易的授权、认证和结算的幕后都需要大量的数字活动参与。这种用于高速数据处理和安全的复杂基础设施，曾被视为防御外部攻击的强大防火墙。但到了2010年，危险的早期信号出现了：亚马逊和苹果都在推进他们的支付项目；2007年，沃达丰（Vodafone）在肯尼亚推出的M-Pesa已成为当时世界上最大的手机转账和融资服务；而中国的微信，在其推出的数字钱包和支付服务一个月内就有了1亿注册用户，令支付行业震惊。

2009年之前，万事达专注于战略执行，以实现季度盈利目标并追赶其主要竞争对手维萨卡（Visa）。同年，阿贾伊·班加（Ajay Banga）在花旗银行工作了13年后转投万事达信用卡，出任CEO。他发现这家公司很有成就，但十分懒散，没有强烈的紧迫感。班加并没有推出另一个受数字化趋势威胁的"燃烧着的平台"，而是专注于未开发的机会，为万事达信用卡注入活力。正如他后来所说那样："贝宝、维萨卡、美国运通的活动……实际上只占全球零售交易的15%。在全球购物中，以现金或支票支付的比例高达85%（即使在美国，也高达50%）。如果你只盯着那15%的业务，会将自己困在狭窄的井底。所以我们重新定义了我们的竞争对手。一旦我们做对了，公司的愿景就变得非常清晰。"

阿贾伊·班加在万事达工作的第一件事就是给整个公司注

入紧迫感。当他听到人们说"是啊，我们本可以达成那笔交易……不过我们并不是真的想要它……它的定价不对"这样的言论时，感到非常震惊。很快，他就明确表示："没有哪些交易你不想去赢。做生意就得'既捡西瓜，又捡芝麻'。"在描述他自己的方法时，班加强调了洞察型领导者的关键方面。

（1）**有勇气去冒需要深思熟虑的风险。**"你很少会获得完美无缺的信息。你只是要考虑周全，这取决于你的谦虚，意识到你并非无所不知——你可以从每个人身上学到一些东西。"

（2）**偏执地想参与竞争。**"不断地追问自己是否遗漏了什么……要成为真正的领导者，你需要自我反省。"

（3）**发展全球视野。**"增强自己与身边的世界的联结……关键是不要只从你的公司、组织甚至国家的角度看待这个世界。"

班加的领导方式所具备的这些企业家特征，决定了他将如何系统地使万事达转变成一个更富有洞察力的组织。尽管这并不是万事达的既定目标之一，但他的做法为该公司成为洞察型企业的典范奠定了基础。

提高洞察力

大多数公司都有提高洞察力的意愿，也具备发展成洞察型企业的潜力，但不清楚应该怎么去做。他们是应当采取一种随心所欲的机会主义方法，还是遵循某个严谨的过程呢？从其他地方观察到的最成功的变革举措，有哪些特征可能适用于他们？领导团队应当怎样开始采取主动的措施，并且从什么地方着手？在前面几章中，我们辨别了有效改革计划的几个共同主题。在这里，我们将它们整合到图7.1所示的四个步骤的变革过程之中，作为回答这些早期设计问题的一般路线图。

与大多数变革过程相比，这一指南不那么有序，也更加自由，但它总是以领导层的决心的有形展示开始。三个阶段进一步强化了这一变革过程，使得领导团队的意图发挥作用。这三个阶段是：改变制订战略的方式，投资于远见以及最后的协调组织活动。这些实施步骤可根据情况依次进行或同步进行，步调和优先次序也各不相同。正如我们在本书前面看到的那样，对万事达信用卡或奥多比公司有效的方法，必须根据每一种不同的情况进行调整和修改。在任何通过实践和多年变革过程来进行的学习之中，都存在许多次迭代和反馈循环。但正如英国作家奥斯卡·王尔德（Oscar Wilde）曾经说过的那样："历史可能不会重演，但肯定会押韵。"

图 7.1 所示的变革过程将我们在第 2 章中描述的洞察力的驱动因素的研究经验与过去十年中和高管团队密切合作的实践经验结合了起来。

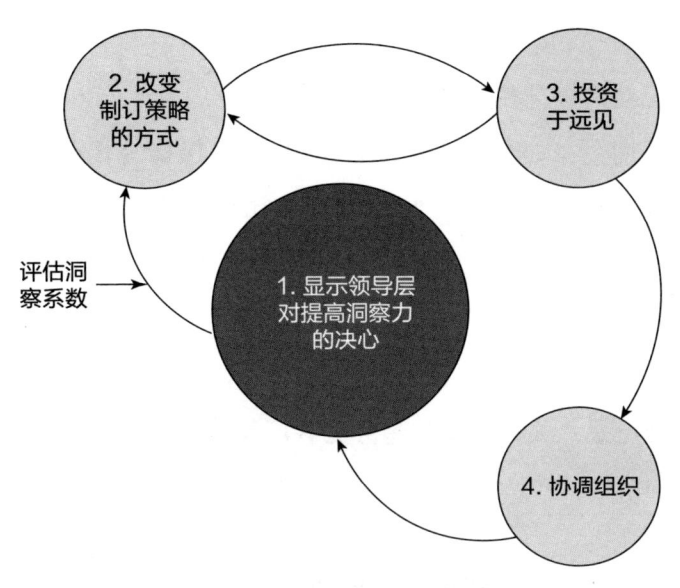

图 7.1 提高洞察力：一份行动方案

第一步：显示领导层对提高洞察力的决心

这是提高洞察力的起点，包括让 CEO 和领导团队思考六个"领先的"问题。这些问题的答案揭示了团队是认真地提高洞察力，还是只为了走走过场。每一个问题都有经过充分测试的答案，以帮助团队提高洞察力并在整个组织中展示决心。

1. 我们要花多少时间来探索未来

短期主义是影响我们对长期的暗流保持警惕的头号敌人。CEO 基因组项目对 2 000 名 CEO 的评估结果进一步证实了这一点。善于适应数字化冲击的环境的领导者会花更多的时间——高达 50%——来考虑长期发展，以察觉微妙的趋势。不那么成功的 CEO 只会花 30% 或更少时间进行着眼长远的思考。结论是：关注长期的趋势更有可能让 CEO 更早地捕捉到微弱的信号，并且察觉到潜在的变化。

2. 我们是否鼓励多样化的建议

例如，阿贾伊·班加从一开始就支持多元化，他说："如果你身边的人长得和你不一样，说话和你不一样，经历也和你不同，那你的领导力特质就会大大提升。多样性是至关重要的，这是因为，一群相似的人往往会以相似的方式思考，得出相似的结论，并且有着相似的盲点。为了防止这种情况的发生，你需要利用身边人们的集体独特性来扩大视野，也就是说，以不同的方式看待事物，质疑一切。拓宽视野意味着拓展你的世界观。"领导者可以通过招聘、提携"特立独行者"或者其他天生更具洞察力、更为关注外部的内部人士来鼓励员工保持警觉。特立独行者往往善于独立思考。与同伴相比，他们常和不同的群体一起玩，阅读和消化不同的媒体。在招聘新员工时，可以提出一些具体的问题，以评估一个人在不让他的眼睛离开主要焦点区域的情况下搜索外围的能力；而且在设计绩效评估时，领导者应当评估员工从外围接收微弱信号的频率和成功程度，并为此给予奖励。洞察型领导者还应向员工传授批判性思考和发散性思维技能，教会员工制订情景规划，以打开他们的眼界，发现新的可能性并察觉微弱的信号。

3. 我们的关系网络有多广和多好

洞察型领导者像探索者一样行动，并且更快地预见。他们参与多样化的和非传统的知识网络，以拓展自己的世界观。对那些已经有很多事情要做的经理来说，参与各种各样的外部网络（在其中，微弱的信号可能是偶然发现的），尤其是一件具有挑战性的事情。他们往往对明确定义的和长期确定的行业背景的明显相关性感到更加适应。这些相关性很可能扮演着"回音室"的角色，经理们寻求和他们志同道合的员工，并且获得对他们自身的偏见与信念的肯定回答。联系熟悉领域之外的关系网需要容忍不同意见与分歧，还要有勇气和意愿去下一些可能不会成功的赌注。

例如，可以考虑加入由非竞争公司组成的小团队，如真北团队（True North groups），这是受美敦力公司（Medtronic）前CEO比尔·乔治（Bill George）的启发而成立的。高管们通过分享失败和失误找出他们自己的盲点，为下阶段更为敏锐的预期打下坚实的基础。反思一下你是怎样创造和挖掘自己的关系网的，每个网络都有什么作用？他们是证实还是对抗你的信念？你怎样才能把自己推向边缘？想要更广泛地搜索，你可以开始追踪最前沿的博客，挖掘大众的智慧，加入你所在领域之外的领英（LinkedIn）兴趣小组。鼓励不同的观点和建立走出舒适区的人际关系，将在许多层面上培养好奇心。一旦激发了员工的好奇心，他们就会更深入地思考微弱的信号，分享他们的心头之忧，并且帮助公司适应不确定性。然而，令人惊讶的是，研究显示，大多数领导者在很大程度上抑制了好奇心，担心好奇心会降低效率或者可能对他们正在追求的战略规划产生怀疑。

4. 我们在这里讲述的关于洞察力的故事是什么

　　检查组织的叙事方式是诊断公司中可感知的现实的一种行之有效的方法。在吸引注意力和激发行动或激起抵抗方面，叙事方式比事实本身更有力。比较那些更早预见或者对不受欢迎的意外事件进行响应的成功公司的故事，将突出强调支持洞察行为的价值观与信念。福特公司一位新上任的 CEO 在每周的领导层会议上会这么做：询问领导团队成员最近有没有观察到什么异常情况。这种干预很快改变了会议的基调，将叙事从运营问题转变为表达一种对保持洞察至关重要的好奇心。

　　在脆弱型公司内部，主流的叙事方式往往是自我挫败的。我们会听到中层管理人员说："在分享坏消息时，没有胡萝卜，只有大棒。……我们倾向于对分享者说三道四……只是没有时间去倾听和反思。"另一种有害的信念是"我认为他们真的不想听到这些"，特别是当坏消息或尴尬的信息被一点点地淡化，并且被提升到管理链条之时。一位经理遗憾地表示："在我们的文化中，只有好消息才会向上传播，所以 CEO 是否支持信息共享，其实并不重要了。还没等他听到坏消息，大家的担忧就会被过滤掉了。"

　　主流的叙事方式成为障碍，也并不一定全是坏事。在这种情况下，领导者可以开始改变集体思维，设想一种将来公司会提升洞察力的理想状态，在此状态下，公司驾轻就熟地驾驭着变革浪潮，成功地塑造事件而不是对事件反应缓慢。回答下面这些问题将是一个很好的开始：如果我们的组织要以洞察的态度来展现关于获胜的故事，我们会看到什么行为？我们用什么样的故事板来绘制出我们在实践中保持洞察的样子？一旦有足够多的人接受某个令人振奋的和充满希望的故事，领导者就可以将注意力转向真正地实现它了。

5. 我们是否充分调动了董事会的积极性

太多拥有才华出众成员的董事会只是简单地审查和批准管理层提出的战略。他们的会议时间主要花在进度报告、合规问题和运营问题上。让他们直面公司中各种影响更早预见的挑战，会有许多的好处。董事会成员可以利用更广泛的信息源网络来了解领先公司的趋势、微弱信号和洞察做法。董事会关注的时间跨度也要长于领导团队，因为后者有着更强大的动力去取得短期业绩。大多数董事希望的是在董事会上有更多的喘息空间，以帮助公司在不确定的未来中定位。一旦这些董事在开会时更加警觉地参与其中，他们就会成为积极倾听的"侦察员"。例如，过去几年来，波音公司的董事会关注高管和员工制订的方案（这些方案很大程度上是照本宣科的），并没有留下多少空间来解决真正重要的问题。因此，董事会决定为每项议程增加两个小时的开放时间，标题为"我们应该真正讨论的事情"。

随着股东行动主义的兴起和公司丑闻的严重风险，美国许多公司的董事会正从被动监督转向主动发挥领导作用。一个有效利用董事会的引人注目的例子是，一家领先的儿童医院面临着不确定性日趋加大的未来。董事会成员帮助完善了未来十年的替代方案，他们与医院领导层一同预测。最令人生畏的不确定因素有两个：一是资金问题；二是基因组学和个性化医学的科学进步步伐的发展问题。关于这两个不确定因素的不同假设，对获得新的实践领域和发展新的能力产生了深远影响。由于董事会成员参与了情景构建，他们还帮助高管团队识别了早期预警信号并探究其含义。这些活动包括：

- 为切合现实的慈善期望提供顶层指导；
- 帮助评估如何远程行医，特别是远程放射；
- 吸引了一些知名的风险资本领军者进入顾问委员会；
- 定期更新外部情景，并且进一步对新计划进行压力测试。

6. 我们的洞察系数有多大，以及我们是洞察型的还是脆弱型的

前面五个问题的影响，意味着领导团队不得不将其有限的注意力大部分用于提高洞察力。附录 A 中的洞察力调查为最需要注意的领域提供了实用指南。当领导团队的每一位成员首次单独完成这项调查时，尤其能揭示出诊断中的一致和差异。例如，在一家脆弱型公司，大多数领导者都认为，公司通常将失败视为一个错误而不是一次学习的机会。

这促使人们反思并有意放松对创新项目的审批，因为这些项目已经变得过于谨慎了。通过对最近失败的创新努力进行事后分析，该公司意识到了这一点，发现这些失败大都包含了至关重要的经验和教训。在更好地了解了公司的弱点后，领导团队改变了创新的方式——为善意的失败留出更多空间，并且学会如何从每一次失败中看到一线希望。

第二步：改变制订战略的方式

如果领导团队之外的人太少，或者决策过程中的烦琐步骤使得决策成了公式化的练习，那么，许多公司的战略决策方式实际上会增大其脆弱性。这里的风险在于，公司开始受到由内及外的偏见和短期倾向的影响。为了提高洞察力，这样的公司需要扩大他们的范围，延长时间跨度，并且增加领导团队之外的参与人数。以下是洞察型策略制订过程的一些特征：

1. 采取由外及内的方法

洞察型公司在开始他们的战略对话时，会讨论客户、竞争对手和邻近的技术正在发生些什么。这种方法受到了万事达信用卡公司的欢迎，因为他们把战略思想集中在如何与现金竞争上。该公司发现，由于个人控制，许多人更喜欢现金而不是信用卡。另一些人则被商家强迫使用现金，发展中国家的许多人根本没有银行账户。但万事达还发现，即使是最不情愿使用信用卡的人，也更喜欢在交通和餐饮等领域采用无现金解决方案，因为在这些情况下，处理现金往往变得很麻烦。例如，当人们赶火车或者在匆忙中吃饭时，他们就想着要快速支付，而不是和其他人一样，都从钱包里翻找合适的现金，排着队等候支付。对万事达而言，这种更深层次的见解，促使他们与伦敦交通局（Transport For London）合作，推出了一种非接触式支付的解决方案，让乘客不必排队等着买地铁票或公交车票。

2. 平衡处理正式计划和紧急计划

成功的战略来自两个相互关联的过程：预先计划，然后边做边学。审慎的或有意的部分是更加结构化的，并且基于对客户需求、成本竞争力、技术路线图、增长驱动力等的严格分析。然而，这种严格方法必须与随机的、机会主义的试错学习过程相平衡，以便进行探索和中途调整。① 紧急的部分需要大量的实验，特别是涉及创新时。于是，那些成功的测试应当迅速采取行动，而那些令人失望的测试则应挖掘它们之中的学习机会。通过采取这种双重方法，采用由外及内方式的公司学会了在战略的正式计划和紧急计划方面都同样表现出色，将资源导向至最佳的机会，同时迅速消除威胁。

3. 欢迎异常

制订紧急战略的过程强调发现异常，然后在战略形成之时予以解决。脆弱型组织会忽略不合适的信息，或者让自己相信这些信息不重要，而洞察型公司会寻找异常情况，将其作为早期预警信号。财捷集团称这种方法为"享受意外情况"（savoring the surprise）。这家公司的领导团队发现，在线理财服务 Mint 的一些用户的行为与年轻专业人士目标市场"应该有的"行为不一致，于是他们深入挖掘，发觉这些用户已经使用 Mint 来管理自己的自营收入和支出了。事实证明，许多人是优步或来福等网约车的司机，在不断扩大的零工经济中分得一杯羹。基于这种市场洞察力，财捷集团专门为个体经营者设计了一种 QuickBooks 的变体——这成了公司发展最快的产品。

---

① 长期以来，这两种战略之间一直存在矛盾。一方面是迈克尔·波特的计划学派，该学派出自他的著作《竞争战略》；另一方面是亨利·明茨伯格（Henry Mintzberg）和新兴学派。

假如财捷集团没有对客户进行严格的研究并密切关注上述这些异常，就永远不会出现这种新颖的产品拓展机会。

4. 回答引导问题

我们建议采用以问题为基础的制订战略过程，专注于解决大问题。对这些问题，可能的答案将决定未来的结果。这些至关重要的问题的最好来源之一是第 3 章介绍过的一组引导问题，用于系统地学习过去，询问现在，预测未来。这些问题可以作为一系列精确的和有针对性的重点问题的解毒剂，后者用于评估和改进当前的运营。脆弱型组织往往询问和回答关于能力利用率、成本差异和市场份额变化的问题，但通常只是着眼局部，没能从全局着眼。这么做的风险在于，他们太多时候看到的是一棵棵树木，而看到整片森林的时候却太少。

第三步：投资于远见

领导层致力于做到具备洞察力，最强烈的信号是投入大量资源用于监测、搜索以及其他旨在提高洞察力的活动。这将叙事方式从关注运营和当前业绩转到了寻找未来可能发生的事情。在大多数公司，领导者的对话都是关于研发预算多少或者如何平衡项目组合。但是，在产值 31 亿美元的材料技术商美国戈尔公司（W. L. Gore and Associates），领导层鼓励进行更深入的对话。该公司最著名的产品是防雨面料戈尔特斯（GORE-TEX）。举例来讲，公司CEO泰瑞·凯莉（Terri Kelly）想知道："我们如何创造合适的条件，让协作和分享自然而然地发生……让人们想一起工作……做出自己的贡献，使这家公司成为一项更加伟大的事业，从而自己成为其中的一部分？"

加大投入来提升洞察力并且做到更好的预见，首先要加强组织预测意外事件和对意外事件采取预防措施的能力。发现微弱信号应是每个人的责任，但更多的时候，这项责任落不到任何人的肩上。解决该问题的一种方法是组建小型的前瞻部门或团队，他们可以：①搜索技术文献、专利申请和新闻推送，寻找早期预警信号；②派遣"侦察队"到前沿市场或创新中心，如硅谷；③与风险团队接触，了解新的相关投资；④动员"红队"进行角色扮演，以模拟竞争对手的动作；⑤进行低成本的实验，探索关键的不确定性，并从中吸取教训。

万事达信用卡公司CEO阿贾伊·班加在公司中要求不同的团队分配一定的预算，并付出一定的精力去寻找新的机会。他的举动向员工发出了一个非常强烈的信号。他还创建了旨在提供颠覆性服务的万事达实验室（Mastercard Labs），让实验室的负责人直接向他汇报，进一步表明他的坚定决心。实验室是负责培养创新文化并从公司内外产生和捕捉好点子的核心中枢。为了激发广泛而新颖的想法，这些实验室组织了一些活动，如一项名为"积极主动"（Take Initiative）的活动。这是一场为期两天的黑客马拉松，目的是围绕特定的挑战而开发和测试各种点子。当高层领导者下定这样的决心时，他们将组织与未来的方向联系在一起，并为自己定下正确的基调。像班加这样的洞察型领导者立下的宏愿，旨在让整个公司都明白，长远的眼光和积极的行动在公司中十分重要。

投资于远见的其他方法是，严格地搜寻威胁和机会，并与合作伙伴的生态系统建立联系。让我们看看每一种方法是怎么回事。

1. 进行严格的搜寻

在这方面，很少有公司能比财捷集团做得更好。2010 年，该集团领导层首次发现将个人理财解决方案应用于移动设备的可能性，但遭到了经理们的抵制，后者确信移动设备无法赚钱。因此，财捷集团找到了一些从移动应用软件中获得稳定利润的公司，并指派了一些自己的经理去拜访他们的高管。随后，财捷集团在一场活动中分享了这些逆向思维式访问的情况。集团创始人兼董事长斯科特·库克（Scott Cook）回忆："我们在拜访活动上没有足够的时间（说话）。他们不停地说话，试图在说服来访者，移动领域是有利可图的。"如今，使用财捷集团的TurboTax移动应用软件，你可以从手机上准备并提交一份完整的1040表格。[①]

本着同样的精神，在公众眼中已成为典型的、僵化的老牌零售商沃尔玛（Walmart），也通过一个名为"8号店"（Store No. 8）的孵化器进行了严格的搜寻。8号店以其创始人山姆·沃尔顿（Sam Walton）早期进行商业实验的一家门店命名，其任务是设想沃尔玛在未来10年可能面临的"新的垂直领域、能力和生存的威胁"，从而提前制订战略，确保持续领先于竞争对手，尤其是亚马逊。孵化出来的企业将作为初创企业进行运营，沃尔玛像风险投资家一样投资，然后将该初创企业作为一个投资组合发展壮大。8号店收购的一家初创企业正在探索虚拟现实如何增强顾客的购物体验。沃尔玛预测，在未来10年内，许多家庭将拥有一款超高分辨率、流线型的虚拟现实头盔，这可能彻底改变商业模式。

2. 吸引合作伙伴参与生态系统

万事达信用卡采用了这种方法，因为他们认识到，最好的机会往往存在于市场空间和行业重叠的十字路口。因此，该公司与美泰克公司（Maytag）合作开发了按次付费的无线洗衣

[①] 1040表格是美国个人收入联邦税申报表，是报税人每年都会用到的基本表格。——译者注

设备解决方案Clothespin，将洗衣机、烘干机与智能手机和洗衣设备服务提供商连接起来。这些不同寻常的合作伙伴利用现有技术——智能手机、在线信用卡支付系统和通过无线云通信连接的设备——设计出了一种新颖的解决方案，使得出门在外的人们洗衣服更容易。

后来，人们将这种生态系统参与方法编入一个名为"生态系统设计和开发"（Ecosystem Design and Development，EDD）的平台，使得万事达进入了许多新的领域。该平台由万事达负责公私伙伴关系的执行副总裁塔拉·内森（Tara Nathan）管理，她将生态系统比作十面网络（与经典的双面网络不同），突出显示了多方创新网络在协调方面的挑战。EDD平台使得万事达能够与私营行业的非政府组织及联合国机构合作，帮助发展中国家的人们通过多个来源获得社会服务，只要持有自己的身份证件就行。这还使得数据的安全交换和服务交付的透明度得以实现，同时减少了信息泄漏和欺诈。后来，通过修改万事达预付卡的基础设施，这一过程进一步实现了数字化。

第四步：协调组织

本·富兰克林（Ben Franklin）在1776年起草《独立宣言》（Declaration of Independence）时说过一句名言："我们必须团结

在一起，否则我们都将（作为英国王室的叛徒）被一个个地绞死。"当领导者将新的策略付诸实践时，面临的最大障碍就是如何将其他人带到理想的道路上。战略和执行之间的鸿沟仍然非常难以弥合。

为了提高洞察力而协调一致，并且就必须做什么达成一致，就是要求全体员工对行动方案予以肯定，这些行动方案要落实到组织的各个部门。对脆弱型组织来说，这尤其令人生畏，因为其中的大多数经理对自己目前的业绩感到满意，但领导层对未来感到担忧。他们看到了数字化冲击正在迫近，怀疑当前商业模式的可持续性，并开始察觉到市场上正在发生一些难以解释的事情。

更加密切地协调各级和各部门，意味着使组织中更广泛的人们相信有必要采取行动，这总会有一些阻力和障碍需要克服。比如，有的人会说："我们已经在做了……这使得我们几乎没有时间做日常工作了，我们没有三头六臂啊！"回顾过去本该更早察觉的意外事件，评估被迫对竞争行为做出反应时须付出的成本和造成的浪费，或者评估忽视或隐瞒内部威胁所造成的损害等，都是我们应当保持洞察的理由。大众汽车的失效装置（defeat device）事件对消费者造成的长期损害以及丹斯克银行对来自俄罗斯的非正常银行汇款的忽视，都是有益于察觉上述事件的信号。领导者还应清晰地表明，保持洞察是一项团队运动，要使之切合实际，就得倾听他人的关切。

无法将利益相关者与战略的实施协调一致，将严重影响领导者的效率。如此一来，效率、生产力和领导者的精力将在组织最需要的时候消耗殆尽。这些问题的解决需要一种人情味，它与人们的兴趣以及他们在团队中有效工作的自然愿望相联系。以下是一些经过验证的方法。

1. 尽早地、经常地、简单地传达你的意图

根据奇普·希思（Chip Heath）和丹·希思（Dan Heath）的说法——"什么时候看起来像是遇到了阻力，通常就是缺乏清晰度"，领导者会对自己的战略计划投入太多，以至于没有意识到自己清楚的事情对别人来说也许是模糊的。

2. 接触那些与你的前进方向有利害关系的人

指挥和控制型组织的领导者更容易排好队伍的队列，让他们不断前进。但组织已从具有明确权力界限的等级结构转变成了决策更加分散的水平网络。这样的组织尤其应当努力将与结果有着重大利害关系的所有人囊括进来。广泛地沟通，也许会在一开始让事情的进展慢下来，但你可以通过更好的实施和执行来轻松弥补这段延迟。

3. 促进公开的对话和真正的辩论

对改革的领导者来说，最古老的公理之一就是接近阻力，而不是忽视或对抗阻力。然而，对于"人们看待事物的方式为什么不同"这个问题，我们常常无法让它清晰地表露出来，更不用说完全理解了。然而，若是我们不正视分歧，便会付出沉重的代价。面对冲突，要梳理不同的期望；管控分歧，则需要勇气。

4. 奖励那些真正有所担当的人

只有当人们从内心而不仅仅是头脑中认识并接受了解决方案时，战略变革才能实现。我们可能认为的接受，通常只是表面上的同意。当客户要求我们帮助他们将战略转变为行动时，我们做的第一件事是让他们总结自己之前未能成功执行的原因。很明显，许多领导者对之前的举措并没有产生共同的紧迫感或担当精神。当领导者未能阐明他们的改革方案，且未能联系关键利益相关者并促进对问题的辩论时，这种缺乏紧迫感和担当精神的情况将十分常见。将人们聚集起来共同执行战略是一项艰巨的工作，除非你依赖于一种经过验证的方法来协调利益相关者。否则，你看到的协同一致也许只是一种错觉。

在组织内部，保持洞察力的一个常见障碍是那些对期望不信服或者感到困惑的沉默的中间派。① 这里有一些领导者也许不得不克服的问题，比如有的人会提出这样的异议："这将导致大量的虚假信号，这些信号将堵塞一切……钱可以更好地花在让我们的新产品市场更快地发展上……营销和研发部门会因为自身的角色被剥夺而感到不安。"这种异议反映了一种心态，即活动和措施应当具有明确的、可计算的回报。它假设日常业务比动态能力的投资更重要。领导层应当这样来回应：保持洞察力是为了在一个不断变化的世界中确保拥有健康的未来。理想情况下，保眼前的生存和保长远的发展之间的紧张关系，应当在战略规划阶段就得到解决。如果领导者没有清晰的愿景和持续的决心来使组织的洞察力制度化，那么，协调的冲突通常会在支持保持现状的情况下（而不是支持改变现状的情况下）获得解决。

对成功的协调行动，一个反复出现的主题是小规模的、获得授权的团队的效力。正如杰夫·贝佐斯说过的那样："任何团队的规模，都不应超过两块比萨就能填饱团队所有人肚子的规模。"在财捷集团，新点子最初是由小型"探索团队"开发的，他们不向上级汇报，而是直接与部门总经理沟通。这样的小型团队特别适合提高洞察力。最近，财捷集团 70 名高

---

① 我们在此感谢 SchellingPoint 公司联合创始人和负责人迈克尔·泰勒，感谢他对实现协调行动的见解。

级经理被分成小团队，负责调查在客户互动或各种技术论坛（如 10 岁以下的孩子如何使用技术、会话用户界面和区块链）中出现的 8 个主要趋势。他们的报告引发了 15 个进一步的话题，所有这些话题都采用数百项客户观察研究的形式进行了调查，而且采访了从马克·安德森（Marc Andreesen）到爱彼迎和优步的创始人等思想领袖，并且在不同地理市场开展了实地试验。

  为提高洞察力而进行的更根本的组织变革，可能也必须包含结构上的分离。这使得探索和开发活动可以在新创建的单元中进行，根据需要而遵循不同的程序、报告规则和激励制度。通过将所有的感知和实验活动放在一个单一的单元中，加上一个较少依赖层级而更多依赖行为整合的支持团队，可以实现更好的协调。当需要提高洞察力的动态功能与当前的业务模型和操作需求发生冲突时，就应考虑这种方法。

第 8 章

预先警告就是预先准备：
保持洞察力的六条教训

> 冲击时期最大的危险不是冲击造成的破坏,而是按照昨天的逻辑行事的心态。

——彼得·德鲁克

当冲击无处不在时,熟悉的逻辑和方法就成了障碍,提高洞察力变成了一种生存机制。在互联网商业化几十年后,数字化转型的步伐继续加快。在更大的数字化冲击和剧变中茁壮成长的组织,不会等待后果不确定性的迷雾消散。相反,他们的领导团队培养了卓越的洞察力,能够预测潜在的威胁,察觉可能的机会,并在适当的时候更快地采取行动。

洞察力可以由一个有动力的领导团队系统地发展和增强。潜在的能力需要不断更新,因为当短期运营问题吸引了领导者的注意力时,洞察型公司很容易失去优势。当公司击败了挑战,或者将挑战转化为优势时,回报就接踵而来,组织可以自信地行动,不会被不断升级的不确定性所迷惑。这些领导学的主题为本书中总结的成功驾驭数字化冲击的六条教训奠定了基础。这六条教训是:

教训一：洞察力是通过深刻的好奇心和敏锐的情境意识来实现的，而鞭辟入里的问题可以引导人们的好奇心和情境意识。

从外部边缘或组织内部深处的模糊区域发出的微弱信号，在组织第一次发现时就是微弱和模糊的。等到可以做出明确的预见或预测时通常已经太晚，其他组织已然采取了行动，让脆弱型公司别无选择，只能采取防御性的蹲守。在这方面，难就难在干扰的噪声包围和扭曲了微弱的信号。

问题不在于缺少数据，而在于缺乏好的问题来引导组织在过滤干扰的同时朝哪里看。经理们可能通过收集更多的数据来安慰自己，但是除非这种努力超出了熟悉的范围，否则他们可能无法察觉迫在眉睫的威胁或潜在的机会。必须在非定向的搜索（就像每隔10分钟便360°扫描地平线的灯塔）和短视的集中搜索（即在广阔的区域中监视小片地区）之间找到平衡。目的是在执行团队中建立环境意识，了解世界是如何变化的以及为什么变化，然后探索这些变化。

我们认为，最好的引导性问题，对探索那些可能逃脱了注重微观操作的经理注意的地方，是不错的起点。在第4章中，我们提出了三种类型的引导性问题。第一种类型的问题旨在通过更深入地理解和减少过去的系统性漏洞，从过去中吸取教训。第二种类型的问题是询问现在。大多数意外事件都有先例，它们首先作为异常情况出现，超出常态，或者不在人们预料范围之内。第三种类型的问题是对未来的预期，包括拓展思维的情景、红队角色扮演，或者想象一种未来的情景，在其中，某个微弱信号被推向极致。例如，"如果阿里巴巴等非银行数字技术公司认真进入支付服务领域，或者通过一系列新的数字服务抢占借贷市场的主要份额，会发生什么？"这些引导性问题，使得领导者对那些隐约可见的变化敏感起来。

2018年撼动Meta的一些冲击来自其领导者对这条教训的集体忽视，即在忽视危险信号的同时，没能发现异常。他们在质疑虚假信息或操纵性竞选信息的传播时行动迟缓，似乎没有看到让第三方获得用户信息带来的负面影响。

教训二：通过鼓励发现和辩论、鼓励微弱信号的暴露和扩展思维，领导者展示他们对培养洞察力的决心。

当公司察觉到意外时，组织内部人士或合作伙伴网络中的人们可能更早就知道了。但是，领导团队并不知道他们知情——处在前线的员工也不知道领导需要知晓这些信号。这样的失败表明，领导者没有充分重视洞察力的培养。即使在最好的情况下，领导者也只能得到他们所需信息的一小部分，而他们得到的信息，往往可能是为了取悦他们或者怀有一些隐秘目的。在数字化冲击的时代，向上沟通的渠道需要变得更宽、更快。应当利用数字技术的进步来防止信息过载，帮助领导者进行信号检测。在这方面，失败的著名领导者的例子包括大众汽车使用失效装置规避排放法规，富国银行采取激进或非法的销售策略，丹斯克银行卷入大规模洗钱丑闻等。其他引人注目的案例包括成立于 2003 年的希拉诺斯公司，其目标是简化血液检测技术，但该公司在 2018 年倒闭，给投资者造成了创纪录的十亿美元损失；还有仍在持续的普渡制药（Purdue Pharma）将阿片类药物的含量推高到不合理水平的丑闻。

洞察型领导就是着眼于长远，预测新模式的形成，并且在信息不完全的情况下采取行动时承担合理的风险。当高层认可并奖励这样的做法时，员工就会积极地搜索企业的外围区域，或者共同表达对不断恶化的内部威胁的担忧。领导者在高层定下基调，并进一步强化自己的决心，义无反顾地在预测活动中进行可见的投资。一位非常成功的私募股权投资者强调了领导层的巨大影响力，他希望投资于与环境相适应的公司，因此他的投资组合中的公司可能会比竞争对手更早地看到可能性和威胁。这位投资者指出："那些专注于现有业务的领导者是优秀的 COO，但他们不是长期的领导者。"进一步思考后他意识到，成功的 CEO 是安全的，他们会毫不犹豫地与强者为伴。他们鼓励激烈的辩论和对话，因为不需要假装知道所有的答案。他通过观察总结道："如果你只遵循传统的、显而易见的含义，你就只是普通人群中的一员。成功来自更加富有想象力的思考。"

在所有组织中，洞察型领导者的这些特质都是值得嘉奖的。想想杰斐逊医疗系统（Jefferson Health System）CEO 斯蒂芬·克拉斯科（Stephen Klasko）博士的话，他领导着一个拥有195 年历史的学术医疗中心，如今正在对医疗保健行业进行重新构想。他是这么说的："2013 年，我们决定全力投入远程医疗，但人们认为我在吸毒。我希望全美国唯一一个远程医疗项目由我们的急诊室临床医生负责，所以我们的远程医疗平台上的每个医生都是杰斐逊的医生，我们通过调整激励和目标来做到这一点。"由于许多这样的倡议不断涌现，杰斐逊医疗系统已成为患者体验数字化创新的领军者。

当网络安全主管亚历克斯·斯塔莫斯（Alex Stamos）提出警告，称俄罗斯正将 Meta 平台武器化时，Meta 的领导层似乎没有领会这里的第二条教训。由于对 CEO 马克·扎克伯格和COO 雪莉·桑德伯格的漠不关心感到失望，斯塔莫斯决定绕过他们，作为最后的手段警告董事会成员。他的警告引发了董事会对领导层的领导能力的质疑，并导致桑德伯格后来对斯塔莫斯大喊："你让我们栽到坑里了！"桑德伯格严重误读了她任内日益恶化的问题。她保护 Meta 的愿望，让她远离了该平台上关于仇恨言论、欺凌和其他负面内容的风暴。扎克伯格经常质疑内部的异议，似乎更喜欢忠诚而不是辩论。正如全球传播、营销和公共政策副总裁艾略特·施拉格（Elliot Schrage）所说的那样：“我们没有去看，也没有试着去想象隐藏在角落里的是什么。”

教训三：通过对预见能力的投资，使敏捷成为可能，将洞察力编织到组织之中。

卓越的洞察力是动态能力网络的产物，通过比竞争对手更快地感知机会和威胁，然后在面对威胁时凭借谨慎的准备和持续的学习抓住最佳机会，使企业能在冲击中茁壮成长。这给了领导团队在不确定性减弱时采取行动的信心，并且这两组动态能力将相互加强。"更早地预见"能够提醒公司进一步调查，并且准备在时机成熟时"更快地行动"。这就是敏捷的本质。

第三种能力是关于持续的组织转型，这种转型维持了敏捷的运营方式。为了获得快速的、迭代的团队合作的好处，组织需要将这种转型能力置于感知和捕获能力之上。综合起来，这三种能力创建了一个具有远见的松散组合和开放的组织，而不是僵化的、控制的和分层的组织。要将这些动态的能力嵌入一种文化中，以强化由外及内的创业思维。塑造这种文化并投资这些能力，需要领导团队有着强大的动力去努力地做，并且保持洞察力。

每一种感知、捕捉和转换的动态能力，都必须具备许多由领导团队协调的支持能力。高级的感知通过探索和学习查询系统、收集竞争情报、深度分析数据和快速实验（测试关于微弱信号的原因和后果的假设）的结合来提供洞察优势。然而，金融公司需要掌握的洞见工具箱，与制药公司在复杂而不透明的医疗系统中顺利前行需要掌握的工具箱，是截然不同的。支持组织洞察力的策略与能力需要为每个业务单元定制，并且随着时间的推移进行调整。

Meta 也未能领会这里的第三条教训的含义。尽管其数据科学专家擅长深度学习和预测分析用户信息，但该公司未能将其远见卓识用于自身，仍然受制于自身的盲点。在受到外界批评时，Meta 明显未能立即理解这些批评的深层含义，也未能及时纠正自身的组织漏洞。同时这家公司也没有充分利用整个企业乃至其他企业的集体智慧。

教训四：注意到某个信号，并不等同于理解其含义，也不等同于知道如何在更广泛的背景下和"连点成线"之后明智地采取行动。

领导者首先必须从不同的角度观察明显模糊的信号，并将其与别的信号联系起来，从而确认它。这种三角定位方法发挥作用的方式是让持有不同观点和拥有不同经历的人参与到这个过程中。观点中不可避免的差异将使相互竞争的假设浮出水面，并且阐明不完整局面中的各个不同部分。这有助于团队创造性地思考并且更好地"连点成线"。客观冷静地看待外部现实的改变是很难的，因为这要求对当前的战略或根深蒂固的信念和假设提出质疑。几乎没有哪位经理和领导者是只想着了解正在发生的情况的异常冷静的旁观者。他们往往是深度投入的参与者，他们的希望和恐惧以及声誉、薪酬和职业，决定了他们对竞争的行动方案的判断和偏好。

高管们常常感到左右为难，游走在一方面要保持高昂的士气，另一方面又要完全承认来自行业的坏消息之间。2016年年底，当通用电气的电力业务的经理开始对燃气轮机（发电厂的巨型机器）非常乐观的收入预测感到担忧时，他们告诉该部门的负责人保罗·麦克尔希尼（Paul Mcelhinney）对此的怀疑。麦克尔希尼是史蒂夫·博尔兹（Steve Bolze）的直接下属。博尔兹曾是通用电气电力业务部门的负责人，许多人认为他将是通用电气的下一任CEO。然而，麦克尔希尼没有认真对待这些担忧，未将其视为潜在问题的令人担忧的信号，而是说："有史蒂夫在，不用担心。继续前进吧！我们必须做出数字。"一年后，公司利润大幅下降，董事会意识到形势严峻，解雇了大部分领导团队。显然，领导者需要注意他们的基层员工在哪些地方消极回应以及为什么会消极回应，因为这种消极回应也许是一个警告信号,表明更高层的领导者与他们脱节了。

高效的领导者不仅依靠他们的直接下属,还深入组织内部,同时利用他们的外部网络作为个人雷达。在快速变化的情况下,高度自信的领导者在采取强硬立场之前,首先要广泛地观察和学习,这十分重要。更早地预见的本质是明智地采取行动,通过调查和快速的现实核查来评估相互竞争的假设。这种互动式的学习循环,允许他们在众多的实质选择权中挑选一个来加以投入,并且在必要时保持战略灵活性。其目的是在利益相关方和整个社会的道德规范的指导下进行有计划的冒险。通过更快的探索性的学习,企业可以避免在迷雾散去、自由范围缩小或完全被更加敏捷的竞争对手抢占之后才匆忙做出反应。

忽视教训四发出的信息,进一步阻碍了 Meta 的发展,因为社会对其商业模式和对用户私人信息保护不力的批评日益增多,而公司回应缓慢,在这之后,其选择就变得有限了。然而,在这个数字时代,战略问题远远超出了隐私,并且涉及了社交媒体公司使用的商业模式的合法性。它们涉及公司治理、市场力量、政府控制、个人数据的货币化以及尊重关于公平和良好公民的隐性社会契约等问题。显然,这些更深层次的担忧在 Meta 并没有引起多大反响。Meta 早期的顾问罗杰·麦克纳米(Roger McNamee)表示,该公司部署了"我在大公司中遇到过的最集中的决策结构"。

教训五：领导团队的集体注意力是一种稀缺而有价值的资源，很容易被浪费掉。

对被孩子分心的父母或者其组织中充斥着可能存在的威胁和机会的微弱信号的领导者来说，"集中注意力"是一句有用的格言。心烦意乱的领导者必须拿出办法来应对集体注意力的管理，可以通过减少处理需求或增强处理信息的能力来提升这种技能。通过更好地安排活动的优先顺序和授权，高级领导者的全部精力通常可以得到释放。领导者还可以通过使用数字搜索和解读技术，并通过为"收集偏执者"分配更大的责任来提高自身处理信息的能力。此外，通过从过去的意外事件中学习，熟练地运用数字技术，并且对根深蒂固的认知偏见保持敏感，可以更加明智地分配注意力。

在任何特定的时间点，个人注意力都是一种固定的资源。但是，通过设定优先事项、改变激励措施以及采用为日常任务部署节省时间的技术，可以增强或削弱集体注意力。随着人工智能的不断进步，不堪重负的领导者可以减轻其管理负担，为战略思考和外围搜索创造出宽松的空间。

然而，狭隘的视野、短期主义、战略博弈和一厢情愿的想法等组织弊端，很容易就会扰乱集体的注意力。在这些情况下，员工们的意图不一定是邪恶的，因为下属可以公平地要求分享领导有限的时间。大多数员工无法合理地了解领导者处理更多问题或任务的能力，使得领导者从战略着眼来分配注意力变得至关重要。事后看来，Meta领导层有限的注意力集中在了错误的问题上，如针对范围和性质都很复杂的社会问题进行的技术修复。扎克伯格很晚才意识到，Meta面临的更深层次的挑战是个人隐私和人格安全。

组织中有一种特别有害的弊病，即故意视而不见，这在一开始可能显得矛盾。一个人如何能做到已经看到了又假装没有看到？为了避免不必要的冲突，保护经济利益或权力，或者只是为了减少焦虑，组织可能对潜伏问题的警告信号视而不见。但是，这种故意视而不见很容易将问题变成定时炸弹，大众汽车、富国银行、丹斯克银行或者Meta都已从中吸取了教训，并且受到了损害。为了避免这种有害后果，领导者必须鼓励多样性和辩论，不要让根深蒂固的挑战继续恶化。高效的领导者知道，当组织的大脑在自身的某个部分发现问题时，也会故意忽视其他部分的问题。洞察型组织会在关键问题失控前采取果断的补救行动，从而胜过脆弱的竞争对手。这种及时的行动也使得组织有可能避免在有限的选择下做出防御性反应，以及为反应迟缓付出高昂代价。

教训六：传统企业可以反击，数字化冲击并不一定具有破坏性。

在数字时代，很少有哪种管理理念能像颠覆性创新理论那样引起如此多的共鸣和影响。其基本的信息是对传统企业发出严厉警告，这些企业很容易受到具有强大技术或商业模式优势的颠覆性进入者的攻击，后者能够迅速扩大规模，寻找新客户。该理论还假设，倒霉的传统企业将继续以超出大多数客户需求的速度提高业绩。例如，个人电脑颠覆了依赖昂贵定制系统的低端迷你电脑，因为它们可以在成长过程中保持使用标准组件所获得的根本成本优势。颠覆性创新理论的另一个假设是，传统企业不愿对颠覆者做出回应，因为他们担心这会蚕食自己产生现金的核心业务。

具有讽刺意味的是，对颠覆威胁的高度认识反而大大降低了传统企业在这种情况下措手不及的可能性。如果忽略数字化冲击背后的力量，该理论仍然为可能发生的情况提供了警告。但这并不能取代深思熟虑的远见，这种远见将颠覆的早期预警信号转化为可以进行创造性测试的举措。在这些学习性的探索之后，通常会对初创企业、预见性开发项目和合资企业下"小赌注"，如果事情没有达到预期效果，合资企业可能会解散。许多大公司都在收购初创企业的挑战者，就像沃尔玛收购 Jet.com，联合包裹（UPS）收购丛林狼物流公司（Coyote

Logistics）一样，后者渴望成为货运行业的优步。这些举措的目的，是为组织更快地采取行动做好准备。

洞察型传统企业正越来越多地注意到有关不作为或谨慎观望姿态的后果的警告。他们磨砺了自己的技能，以收购处于萌芽状态的颠覆者，从后者身上吸收数字化能力，吸纳稀缺人才。通过更快地预见颠覆的威胁，他们能更快地认识到哪些数字化技能将会短缺，并且能比竞争对手更早地在数字化人才招聘、开发和保留方面做出投资。第2章描述的奥多比公司的成功，就依赖于先发制人地控制自己的命运。对洞察型公司来讲，要警惕技术进步，因为技术进步有可能提供更大的客户价值，而不是等待外来者首先利用它。从一开始就要仔细观察新兴公司，向他们学习，并将潜在的颠覆视为机遇。预先的警告确实是预先准备。

就像潮水的突然涌出可能预示着海啸的来临一样，对所有公司来说，辨别威胁或机遇的早期信号已成为当务之急。领导层面临的挑战越来越多地是创造新的牌局，而不是怎样打好手里的牌。未来的商业博弈将是一种敏捷的和适应的博弈——不是作为一位独行侠，而是作为外部网络和生态系统的一个重要成员，利用高度互联的世界实现共同利益。在这方面表现出色的组织具有很大优势，正如查尔斯·达尔文（Charles Darwin）评价的那样："幸存下来的不是最强壮的物种，也不是最聪明的物种，而是那些对变化反应最快的物种。"我们把"对变化的反应"等同于保持洞察力的组织。洞察力始于多元化的、关心的、有决心的、开放的和好奇的领导团队，并且分享前瞻性的愿景。

  本书提供的提高洞察力的途径是一条没有尽头的道路。领导者必须不知疲倦地工作，才能使他们的组织处于高度警觉的状态，做好准备对来自内部和外部环境的早期信号采取行动。如果他们想在数字化冲击和迄今几乎无法想象的未来情景中保持领先，就没有自满的余地。富有洞察力的组织，其回报包括更强的市场地位、更高的利润和增长、更积极的员工以及更长的预期寿命。

附录 A

评估洞察力的诊断工具

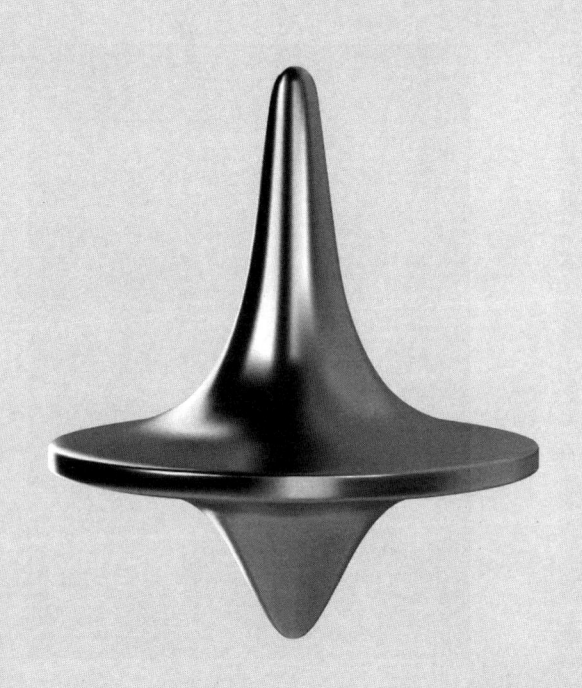

你的组织如何更早地预见并更快地行动

这里介绍的调查旨在评估你的组织感知和处理企业内外部威胁与机会的微弱信号的能力。我们所说的组织，是指一个业务单位、部门或者整个企业。请说明你想评估哪一种。

在团队中使用时，首先让每个人单独完成这份评估，然后提交结果，可以匿名或写下他们的名字。一旦总结出了综合的结果，就把重点放在那些平均分数较低或评估分数差异较大的项目上。就观点、例子、原因和补救措施而言，这两个领域都是值得与整个小组进行讨论的。

A. 你的组织对微弱信号的感知和反应如何？

1. 在过去的三年里，你是否经常对来自公司**外部的威胁**感到惊讶（如新进入者、技术、法规、商业模式等）？

    经常　　　　　□□□□□□□　　　　极少
    （与同行对比）　1 2 3 4 5 6 7　（与同行和竞争对手相比）

2. 在过去的三年里，你是否经常被公司**内部的威胁**吓到（如欺诈、骚扰、渎职、无能或其他不良行为）？

经常　　　　　　　□□□□□□□　　　　极少
（与同行/竞争对手　1 2 3 4 5 6 7　（与同行和竞争对手
对比）　　　　　　　　　　　　　　相比）

3. 你是否善于发现源自公司之外的机会（如新客户、供应商、合作伙伴、商业模式、渠道、技术、社会趋势等）？

我们经常很晚才发　□□□□□□□　我们常常比重要竞争对
现，并且常常不得不　1 2 3 4 5 6 7　手更早发现
追赶

4. 你是否善于发现来自公司内部的机会（如新兴人才、创新想法、提高效率、更好的激励制度、IT 应用等）？

我们经常忽略了自己眼　□□□□□□□　我们积极从内部搜寻和
皮底下的好点子　　　1 2 3 4 5 6 7　发展新的点子

5. 你能否快速发现你所在行业的根本转变（如商业模式、竞争对手、颠覆性技术、新法规或衰退等）？

落后：我们总是在　□□□□□□□　领先：我们有效地预测
看到转变的时候行　1 2 3 4 5 6 7　了重大的转变
动迟缓

6. 你能否准确预测过去五年的相关发展？

很差：我们没有尝试　□□□□□□□　很好：实际的情况与我
过预测或者实际的结　1 2 3 4 5 6 7　们的预测相差无几
果与预测相差甚远

7. 为了比竞争对手更快地察觉外部变化，你的组织是否经常使用外部网络和伙伴关系？

很少使用　　　　　□□□□□□□　　　　广泛使用
　　　　　　　　　1 2 3 4 5 6 7

8. 你的组织如何对待"侦察员"或者身处你们市场边缘（即你们的核心业务之外）的人们的报告？

封闭：我们的文化不　　□□□□□□□　　开放：我们的文化十分
鼓励倾听　　　　　　1 2 3 4 5 6 7　　鼓励这样的倾听

9. 你们的一线员工是否愿意将机会或担忧的信号传达给高层管理人员？

不愿意：我们缺少这么　　　　　　　　　很愿意：我们有着足
做的渠道、激励措施或　□□□□□□□　够的信任、认可和激
足够的信任　　　　　　1 2 3 4 5 6 7　励措施

10. 关于外围的相关信息是否易于横向共享——跨部门或业务单元地横向共享？

不容易：人们要么保　　　　　　　　　很容易：人们经常跨越
留，要么忽视相关的　　□□□□□□□　竖井或边界共享信息
信息　　　　　　　　　1 2 3 4 5 6 7

11. 与竞争对手相比，你的组织对市场外部变化的预期如何？

很差：我们很少比竞　　　　　　　　　很好：我们经常比竞争
争对手更先看到重大　　□□□□□□□　对手更先察觉重要的市
的市场变化　　　　　　1 2 3 4 5 6 7　场变化

12. 你公司的董事会多大程度地参与了较早地、清晰地预见问题的过程？

附录 A　评估洞察力的诊断工具

很少参与：他们很少 ☐☐☐☐☐☐☐ 高度参与：他们经常提出
比我们更先察觉重大 　1 2 3 4 5 6 7　 重要问题，并且帮助我们
的市场变化 更快更好地理解他们

B. 你的组织响应微弱信号的能力如何？

1. 领导团队投入了多少时间和资源来搜索威胁和机会的微弱信号？

优先程度低：很少有 ☐☐☐☐☐☐☐ 优先程度高：许多经理
人主动地注意 　1 2 3 4 5 6 7　 主动地搜索外围并探索

2. 高级管理人员是否愿意质疑你们对当前商业模式的基本假设或对未来的看法？

不愿意：大多是对假 ☐☐☐☐☐☐☐ 愿意：领导者公开鼓励
设进行辩护，甚至对 　1 2 3 4 5 6 7　 质疑假设和传统
变化保持敌意

3. 你的组织的战略规划周期对未来的展望是否长远？

着眼短期 ☐☐☐☐☐☐☐ 着眼长远
（两年或更短） 　1 2 3 4 5 6 7　 （五年或更长）

4. 在制订战略时，你的组织如何使用情景规划、实质选择权和预测分析等工具？

| 有限使用：我们主要使用点预测和净现值法或投入产出比分析 | ☐☐☐☐☐☐☐
 1 2 3 4 5 6 7 | 广泛使用：我们对自己的策略进行压力测试，并经常安排投资 |

5. 你的战略规划过程具有多大的前瞻性？

| 很少：获取资源是僵化的、日程表驱动的和政治性的 | ☐☐☐☐☐☐☐
 1 2 3 4 5 6 7 | 很大：这个过程是灵活的、协作的、问题驱动的、实时管理的 |

6. 当你的组织需要在中途调整计划时，其敏捷度如何？

| 很小：一旦计划有变，很难修改 | ☐☐☐☐☐☐☐
 1 2 3 4 5 6 7 | 很大：计划是流动的，对威胁和机遇可以做出反应，而且反应敏捷 |

7. 你的组织是否利用新技术对大型数据库提出和分析查询，如何从数据挖掘到人工智能，如 IBM 的沃森系统？

| 陈旧：系统陈旧且难以使用；没有人工智能 | ☐☐☐☐☐☐☐
 1 2 3 4 5 6 7 | 最新技术：结合 AI 的预测分析模型和机器学习 |

8. 当面临威胁和机会的模糊信号时，你的组织是否有人负责任地及时采取行动？

| 没有人明确负责 | ☐☐☐☐☐☐☐
 1 2 3 4 5 6 7 | 明确地将责任分配给项目团队或领导团队 |

9. 在你的组织中，是否有专门的激励机制来奖励那些拥有更广阔视野和积极探索、分享并解释微弱信号的经理？

没有：没有针对微弱
信号采取行动的特别
的激励措施

☐☐☐☐☐☐☐
1 2 3 4 5 6 7

有：最高管理层为搜索
和快速跟进微弱信号的
经理提供直接奖励

10. 你的领导团队如何积极建立和参与外部网络？

局限于狭隘的和常规
的行业设置（如大会
或活动）

☐☐☐☐☐☐☐
1 2 3 4 5 6 7

广泛参与各种社会、
公民和专业网络之外
的活动

11. 你的组织对待错误或创新挫折的普遍态度是什么？

将失败视为错误

☐☐☐☐☐☐☐
1 2 3 4 5 6 7

将失败视为学习的机会

C. 你如何评估组织的外部商业环境？

1. 在过去的五年里，你所在公司的市场增长模式是怎样的？

缓慢而稳定

☐☐☐☐☐☐☐
1 2 3 4 5 6 7

快速而不稳定

2. 在你的企业中，技术变革的速度和方向是怎样的？

缓慢且可预测

☐☐☐☐☐☐☐
1 2 3 4 5 6 7

快速且不可预测

3. 在你的企业中，主要竞争对手、供应商、合作伙伴和其他关键利益相关者的战略、行动和意图的可预见性如何？

高度可预见

☐☐☐☐☐☐☐
1 2 3 4 5 6 7

高度不可预见

4. 你所在的组织和行业受宏观经济各个因素的影响有多大？

| 对价格、货币、商业周期、关税等变化不敏感 | ☐☐☐☐☐☐☐
1 2 3 4 5 6 7 | 对价格、货币、商业周期、关税或政治变化高度敏感 |

5. 你的组织和企业对社会和技术变革是否敏感？

| 不敏感：大部分是逐渐改变的 | ☐☐☐☐☐☐☐
1 2 3 4 5 6 7 | 敏感：商业模式极有可能发生重大颠覆和变化 |

6. 在过去的五年里，你所在的行业是否发生了转型或重塑？

| 几乎没有：看起来和五年前一样 | ☐☐☐☐☐☐☐
1 2 3 4 5 6 7 | 天翻地覆：出现了许多新的玩家和新的商业模式 |

7. 在未来的五年里，你们的业务是否会发生重大的颠覆？

| 不太可能发生：很少有意外发生，大部分事情我们都能处理好 | ☐☐☐☐☐☐☐
1 2 3 4 5 6 7 | 很可能发生：预计将出现几次重大冲击 |

附录 B
关于我们的研究

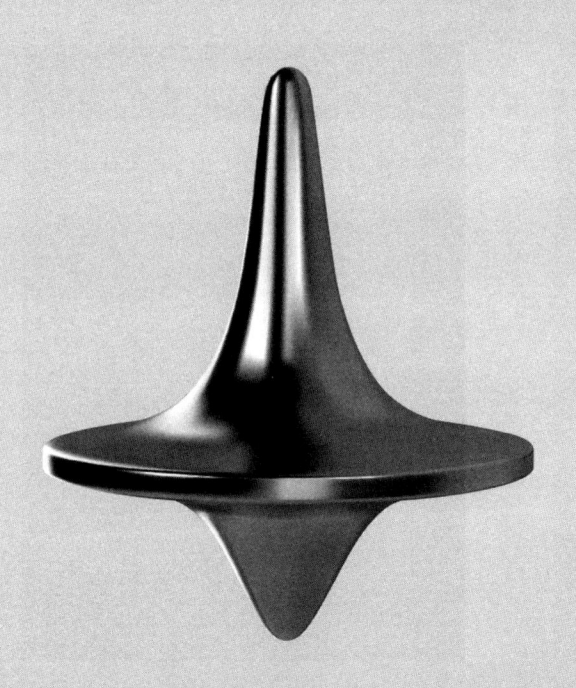

调查设计

我们以 2006 年调查中的一些问题为基础 [可在《洞察：如何识别企业兴亡的弱信号》(*Peripheral Vision*)[1] 一书中找到]，并根据可能区别洞察型和脆弱型组织的变量的特定假设，增加了进一步的问题。这些假设是基于我们自 2006 年以来发表的其他文章、咨询经验以及相关的管理和战略文献整理而成。如这一附录中进一步解释的那样，附录 A 所示的调查，是我们用来收集数据的，我们只对它做了一些细微的修改[2]，再加上额外的 D 部分，以捕捉有关受访者及其公司的人口统计和其他分类信息。

数据收集

我们使用了几种方法来确定哪些受访的高管愿意自己填

---

[1] 该书的中文版《洞察：如何识别企业兴亡的弱信号》已由颉腾文化引进，中国广播影视出版社 2022 年出版。——译者注

[2] 我们用来收集跨国公司数据的调查，没有包括附录 A 所示的问题 A12 和 B10，这两个问题都涉及董事会的角色（不同行业和国家的董事会角色可能差别巨大）。此外，A2 和 A4 量表的终点在附录 A 中进行了细微的调整，以便相对于同行或竞争对手进行打分（这已经是我们对问题 A1 和 A3 进行的企业调查的情况）。

写调查问卷（而不是将任务委托给员工）。我们希望每家公司都能从一位能够回答问题的高级领导者那里得到一份完整的调查。在我们抽样的 118 名受访者中，30% 的人直接通过与我们有密切关系的组织和咨询公司招聘，其余的都参加了沃顿商学院和其他学院的高管课程，或者参加了仅限受邀者参加的会议。简而言之，118 位受访者的情况如下：

- CEO 或高管层成员占 45%；55% 的人是最高管理层的直接下属。
- 这些公司的平均规模为 22 400 名员工，中位数的规模为 1 700 名员工。
- 平均 26% 的销售额来自公司总部所在地以外的国家。
- 这项调查偏向于高业绩的公司：43% 的人将他们公司过去 5 年中相对于所在行业的企业的业绩描述为"领导者"；53% 的人将他们公司评为"一般"；极少有人认为他们的公司业绩低于平均水平。

估计解释模型

因为该调查使用了 7 分双相量表，因此我们创建了综合得分指数来定义我们的因变量和 4 个独立变量。后者与第 2 章所述的 4 种洞察力要素密切相关，如下所示：

X1 领导姿态 = 问题 B2 + A9 + B6 + B10

X2 战略制订 = 问题 A8 + B5 + B11

X3 投资于远见 = 问题 A7 + B1 + B4

X4 协作与责任 = 问题 A10 + B8 + B9

因变量是为了捕捉每家公司的洞察系数，我们用3个变量的总分来测量。与竞争对手相比，每一项都需要组织的洞察力表现的组成部分，如下所示：

Y（洞察系数）= A3（发现外部的机会）+ A5（察觉行业中的根本转变）+ A11（能够预测市场中的外部变化）

用各种控制变量进行的探索性回归发现，只有公司规模（以员工人数来测量）才对洞察系数（Y）的解释性的方差有显著的影响。领导姿态（X1）和投资于远见（X3）这两个要素在较大的公司中比在较小的公司中更加重要，但在方向上是相同的。在这些方面的得分越高，洞察力就越强。

解释洞察系数

下表中的标准化系数表示，随着自变量的每个标准差变化，洞察系数的变量将会如何改变。

变量	系数	VIF
X1 领导者姿态	0.334*	3.8
X2 战略制订	0.080	3.9
X3 投资于远见	0.241*	2.2
X4 协作与责任	0.060	2.7

注：R^2（调整的）= 0.387；样本规模（N）= 118。
* 显著性水平 < 0.02

共线性是大多数调查中固有的问题，特别是当问题使用类似的间隔尺度时。此外，如果所有积极的锚点都位于规模的相同一侧（就像我们的情况），所谓生态相关性的"光环效应"就可能出现。幸运的是，多重共线性的标准检验称为"方差膨胀因子"（variance inflation factor，VIF），在我们的公司数据集中显示了每个系数的可容忍水平。

为了更广泛地测试我们的模型，我们还抽样了另外两个群体，包括通过华盛顿基金委员会获得的 93 个美国基金会以及在威斯康星州费林研究所的帮助下获得的 134 个信用合作社。这些交叉验证测试证实，我们的模型同样适用于非营利实体，证明了它在组织类型上的概念稳健性。